U0905919

财经新知文丛·体验系列

体验乡村振兴

梁　爽　编著

中国财经出版传媒集团

图书在版编目（CIP）数据

体验乡村振兴／梁爽编著．—北京：经济科学出版社，2020.5
（财经新知文丛．体验系列）
ISBN 978-7-5218-1537-5

Ⅰ．①体…　Ⅱ．①梁…　Ⅲ．①农村-社会主义建设-基本知识-中国　Ⅳ．①F320.3

中国版本图书馆 CIP 数据核字（2020）第 073892 号

责任编辑：白留杰　凌　敏
责任校对：王苗苗
责任印制：李　鹏　范　艳

体验乡村振兴
梁　爽　编著
经济科学出版社出版、发行　新华书店经销
社址：北京市海淀区阜成路甲 28 号　邮编：100142
教材分社电话：010-88191354　发行部电话：010-88191522
网址：www.esp.com.cn
电子邮件：bailiujie518@126.com
天猫网店：经济科学出版社旗舰店
网址：http://jjkxcbs.tmall.com
北京密兴印刷有限公司印装
880×1230　32 开　5.5 印张　130000 字
2020 年 8 月第 1 版　2020 年 8 月第 1 次印刷
ISBN 978-7-5218-1537-5　定价：20.00 元
（图书出现印装问题，本社负责调换。电话：010-88191510）

编委会名单

总　序

党的十八大以来，以创新、协调、绿色、开放、共享为核心的新发展理念日益深入人心。五大发展理念，符合中国国情和发展阶段的基本特征，顺应了时代要求，指明了“十三五”乃至更长时期我国的发展思路、发展方向和发展着力点。深入理解、准确把握新发展理念的科学内涵和实践要求，对于我国破解发展难题，厚植发展优势，实施乡村振兴战略，实现“两个一百年”奋斗目标，具有重大现实意义和深远历史意义。

创新是引领发展的第一动力。发展动力决定发展速度、效能、可持续性。树立创新发展理念，就必须把创新摆在国家发展全局的核心位置，不断推进理论创新、制度创新、科技创新、文化创新等各方面创新，让创新贯穿党和国家的一切工作，让创新在全社会蔚然成风。

协调是持续健康发展的内在要求。树立协调发展理念，重点在于促进城乡区域协调发展，促进经济社会协调发展，促进新型工业化、信息化、城镇化、农业现代化同步发展，在增强国家硬实力的同时注重提升国家软实力，不断增强发展整体性。

绿色是永续发展的必要条件和人民对美好生活追求的重要体现。绿色发展，就是要解决好人与自然和谐共生问题，就是要走生产发展、生活富裕、生态良好的文明发展道路，推动清洁生产和绿色消费，加快建设资源节约型、环境友好型社会，形成人与自然和谐发展的现代化建设新格局，推进美丽中国建设，为全球生态安全做出新贡献。

开放是国家繁荣发展的必由之路。树立开放发展理念，就是要顺应我国经济深度融入世界经济的趋势，奉行互利共赢的开放战略，推动“一带一路”国际合作，积极参与全球经济治理和公共产品供给，提高我国在全球经济治理中的话语权，推动构建人类命运共同体。

共享是中国特色社会主义的本质要求。共享发展就要让全体人民共享国家经济、政治、文化、社会、生态文明各方面建设成果。树立共享发展理念，就是要坚持发展为了人民、发展依靠人民、发展成果由人民共享，做出更有效的制度安排，使全体人民在共建共享发展中有更多获得感，增强发展动力，增进人民团结，朝着共同富裕方向稳步前进。

五大发展理念，是我国引领中长期发展的理念。创新发展，是我国经济进入新常态后培育新动力的必然选择；协调发展，是缩小发展差距，解决地区之间、城乡之间发展不平衡的重要举措；绿色发展，是协调人与自然关系、还人民群众一个天蓝地绿水清的宜居环境的客观要求；开放发展，是统筹国内外发展，由“追赶”“跟随”到“引领”并为世界发展贡献中国智慧的必由之路；共享发展，是让人民有更多获得感、让群众生活更美好的重要途径。

为了使读者深入理解和准确把握新发展理念的科学内涵，了解新发展理念在实践中的具体运用，我们响应党和国家关于“全民阅读”的系列计划与行动倡议，组织有关专家编写了这套“财经新知文丛”书系。“文丛”为开放性通俗读本，结合读者对于财经问题的关切，分别以不同的主题系列陆续推出。

“财经新知文丛·体验系列”首批共推出八本，具体包括：《体验“一带一路”》《体验双创生活》《体验微型金融》《体验绿色消费》《体验智慧城市》《体验微商经营》《体验特色小镇》《体验健康服务》。本丛书分别从不同的视角，展示新发展理念的生动实践，以及对我们日常生活的影响，对于开拓我们的视野，启迪我们的智慧，丰富我们的生活，将有很大的帮助。今后，我们还将根据社会发展和广大读者的需要，进一步推出新的内容。

为了能使读者在获取知识的同时享受阅读的快乐，本丛书遵循了以下原则。

1. 内容上力争积极、正面、严谨、科学，使读者在获取相关知识的同时在思想上有所启迪。

2. 形式上力求用较为通俗易懂的语言，深入浅出地介绍通识性知识、讲述基础性内容，使读者在获取知识的同时体验阅读的愉悦感。

3. 结构上避免专著与教材的呆板模式，按“问题”方式展开全书内容，适当插入一些“专家论道”和“百姓茶话”等小资料，使版式设计宽松活泼，让读者在获取知识的同时体验阅读的舒适感。

梁　峰

2018年2月

前 言

乡村是具有自然、社会、经济特征的地域综合体，兼具生产、生活、生态、文化等多重功能，与城镇互促互进、共生共存，共同构成人类活动的主要空间。乡村兴则国家兴，乡村衰则国家衰。我国人民日益增长的美好生活需要和不平衡不充分发展之间的矛盾在乡村最为突出，我国仍处于并将长期处于社会主义初级阶段的特征很大程度上表现在乡村。全面建成小康社会和全面建设社会主义现代化强国，最艰巨最繁重的任务在农村，最广泛最深厚的基础在农村，最大的潜力和后劲也在农村。

乡村振兴战略是习近平总书记2017年10月18日在党的十九大报告中提出的战略。党的十九大报告指出，农业农村农民问题是关系国计民生的根本性问题，必须始终把解决好“三农”问题作为全党工作的重中之重，实施乡村振兴战略。

2018年9月，中共中央、国务院印发的《乡村振兴战略规划(2018—2022年)》提出，到2020年，乡村振兴的制度框架和政策体系基本形成，各地区各部门乡村振兴的思路举措得以确立，全面建成小康社会的目标如期实现。到2022年，乡村振兴的制度框架和政策体系初步健全。探索形成一批各具特色的乡村振兴模式和经验，乡村振兴取得阶段性成果。到2035年，乡村振兴取得决定性进展，农业农村现代化基本实现。到2050年，乡村全面振兴，农业强、农村美、农民富全面实现。

本书在内容安排上力求通俗易懂，比较系统地介绍了当前我国乡村振兴方面的基础知识，并将知识点与当前的热点问题紧密结合，及时反映近年来乡村振兴的新问题和新观点。农业强不强、农村美不美、农民富不富，决定着全面小康社会的成色和社会主义现代化的质量。实施乡村振兴战略，要推动乡村产业振兴，推动乡村人才振兴，推动乡村文化振兴，推动乡村生态振兴，推动乡村组织振兴，统筹兼顾，科学推进。

由于作者水平有限，书中难免有一些不足和疏漏，恳请各位专家、读者批评指正！

梁　爽

2019 年 8 月

目 录

问题一　什么是乡村振兴

传承农耕文化，助推乡村振兴

陕西岚皋，桂花村村民在有着300年历史的古梯田上比赛打谷；云南禄丰，科甲村里摆起了长街宴，品东河米、吃稻花鱼，村民与游客品尝丰收硕果；黑龙江依兰，刚刚下了收割场的农民跑团继续把汗水挥洒在“丰收半程马拉松”的跑道上……秋分时节，山南海北的农民兄弟第一次迎来了属于自己的节日：中国农民丰收节。大家用各种方式诉说丰收喜悦、庆祝五谷飘香、盼望国泰民安。

“稻花香里说丰年”，自古以来，农民就有庆祝丰收的传统。先民曾以秋收十月作为过年的吉日，甲骨文的“年”字，就被认为是人举着成熟庄稼的形象。在广袤的沃土上，藏族的望果节，彝族的火把节，潮汕地区祭拜五谷神位，广西家家户户以糍粑送客，各民族、各地区逐渐形成了各具特色的丰收习俗。虽然形态不同，但麦浪滚滚、粮食满仓是共通的吉祥意象，共话农桑、共享硕果是人同此心的节令活动。设立举国同庆的丰收节，传承了各地的农耕文化，凝聚了亿万农民同心筑梦的磅礴力量。

2018年是实施乡村振兴战略的开局之年。党的十八大以来，从美丽乡村到绿色发展，从农业供给侧改革到农业现代化发展，粮食生产能力站稳1.2万亿斤台阶，农村居民人均可支配收入达到13432元，“三农”工作取得历史性成就。今年又适逢改革开放40周年，改革开放从农村起步，联产承包、乡镇企业、进城打工、农村电商为40年历程写下了浓墨重彩的注脚。所以，举办首届中国农民丰收节可谓恰逢其时，展示改革开放沧桑巨变，展望乡村振兴美好前景，为传统的丰收节庆注入了时代内涵。

乡村振兴，既为了农民，也要依靠农民。把累累硕果转化为真金白银，把收获之喜扩展到精神之愉，是丰收节的题中之义。节日期间，一些地方推出了农产品流通费用的优惠减免；一些电商平台开展大宗采购、集中展销、品牌推广活动，把优质农产品推向全国；一些企业推出扶贫实训店，为贫困村提供物资保障、技能培训……这些举措，让农民既丰收，也增收。此外，文化活动营造的仪式感、凝聚的精气神，为丰收节塑形铸魂。回荡田间的舞龙鼓点，唱响四方的农民歌会，“农民写、写农民”的赛诗大会，丰富着农民的文娱生活，激荡着人们的精神世界。

农民是丰收节的主角，但这台大戏需要城乡共同唱好。城市居民足不出户，循着农产品线上购物节的窗口，就能感受到节日的喜庆气氛；更多居民在丹桂飘香、蟹肥菊黄的时节来到农村，享受采摘的乐趣，品尝新鲜的物产，体验原生态的民俗。城市参与丰收节，寄予了对于那山、那水、那田的乡愁，传递了勤劳质朴的良好品行和“劳动创造幸福”的生活理念；而乡村旅游、特色农业催生出广阔的市场，也喻示着城乡协同发展、共创美好生活的希望之路。

有传统味，有时代性，有真获得，有幸福甜，有泥土气，有互动感，丰收节的内涵将不断拓展。丰收节不应简化为吃顿饭、看出戏，变成一时的庆典。热闹过后，政策力度不减弱，文化供给不减少，城市支持不退场，方能助力干劲一浪高一浪，丰收一次连一次，幸福一波接一波。13 亿多中国人共同参与，必将让丰收节更喜庆祥和，为乡村振兴提供不竭的动力。

资料来源：石羚．感恩丰收，展望乡村振兴美景［N］．人民日报，2018－09－25.

一、乡村振兴的内涵阐释

（一）产生背景

我国是农业大国、农村大国、农民大国，“三农”问题关系到国民素质、经济发展，关系到社会稳定、国家富强、民族复兴。在党和国家长期以来的不懈努力之下，我国“三农”领域取得了举世瞩目的成就，农业农村经济社会跨越发展，农民收入水平显著提高，这些成绩为实现大国崛起和中华民族伟大复兴的中国梦奠定了坚实的基础。当前，我国农业农村基础差、底子薄、发展滞后的状况尚未根本改变，经济社会发展中最明显的短板仍然在“三农”，现代化建设中最薄弱的环节仍然是农业农村。实施乡村振兴与“三农”问题密不可分，乡村振兴实质上也是要发展好农业、建设好农村，提高广大农民的生活水平。乡村振兴战略的提出，是以习近平总书记为核心的新的中央领导集体加快破解“三农”问题、加速推动我国由农业大国向农业强国迈进的重大战略举措，为我国做好新时代背景下的“三农”工作提供了根本遵循。

2017 年 12 月 29 日，中央农村工作会议首次提出走中国特色社会主义乡村振兴道路，让农业成为有奔头的产业，让农民成为有吸引力的职业，让农村成为安居乐业的美丽家园。2018 年 1 月 2 日，国务院公布了 2018 年《中共中央国务院关于实施乡村振兴战略的意见》。2018 年 3 月 5 日，国务院总理李克强在《政府工作报告》中提到，大力实施乡村振兴战略。2018 年 5 月 31 日，中共中央政治局召开会议，审议《国家乡村振兴战略规划（2018—2022年）》。2018年9月，中共中央、国务院印发了《乡村振兴战略规划（2018—2022年）》，并发出通知，要求各地区各部门结合实际认真贯彻落实。《乡村振兴战略规划（2018—2022年）》共分11篇37章。本规划以习近平总书记关于“三农”工作的重要论述为指导，按照产业兴旺、生态宜居、乡风文明、治理有效、生活富裕的总要求，对实施乡村振兴战略作出阶段性谋划，分别明确至2020年全面建成小康社会和2022年召开党的二十大时的目标任务，细化实化工作重点和政策措施，部署重大工程、重大计划、重大行动，确保乡村振兴战略落实落地，是指导各地区各部门分类有序推进乡村振兴的重要依据。

按照党的十九大提出的决胜全面建成小康社会、分两个阶段实现第二个百年奋斗目标的战略安排，中央农村工作会议明确了实施乡村振兴战略的目标任务：（1）到2020年，乡村振兴取得重要进展，制度框架和政策体系基本形成；（2）到2035年，乡村振兴取得决定性进展，农业农村现代化基本实现；（3）到2050年，乡村全面振兴，农业强、农村美、农民富全面实现。

（二）实施意义

2018年9月21日，中共中央政治局就实施乡村振兴战略进行第八次集体学习。中共中央总书记习近平在主持学习时强调，乡村振兴战略是党的十九大提出的一项重大战略，是关系全面建设社会主义现代化国家的全局性、历史性任务，是新时代“三农”工作总抓手。

实施乡村振兴战略，是解决新时代我国社会主要矛盾、实现“两个一百年”奋斗目标和中华民族伟大复兴中国梦的必然要求，具有重大现实意义和深远历史意义。（1）实施乡村振兴战略是建设现代化经济体系的重要基础；（2）实施乡村振兴战略是建设美丽中国的关键举措；（3）实施乡村振兴战略是传承中华优秀传统文化的有效途径；（4）实施乡村振兴战略是健全现代社会治理格局的固本之策；（5）实施乡村振兴战略是实现全体人民共同富裕的必然选择。

实施乡村振兴战略，要坚持党管农村工作，坚持农业农村优先发展，坚持农民主体地位，坚持乡村全面振兴，坚持城乡融合发展，坚持人与自然和谐共生，坚持因地制宜、循序渐进。巩固和完善农村基本经营制度，保持土地承包关系稳定并长久不变，第二轮土地承包到期后再延长30年。确保国家粮食安全，把中国人的饭碗牢牢端在自己手中。加强农村基层基础工作，培养造就一支懂农业、爱农村、爱农民的“三农”工作队伍。

坚持农业农村优先发展，按照产业兴旺、生态宜居、乡风文明、治理有效、生活富裕的总要求，建立健全城乡融合发展体制机制和政策体系，统筹推进农村经济建设、政治建设、文化建设、社会建设、生态文明建设和党的建设，加快推进乡村治理体系和治理能力现代化，加快推进农业农村现代化，走中国特色社会主义乡村振兴道路，让农业成为有奔头的产业，让农民成为有吸引力的职业，让农村成为安居乐业的美丽家园。

（三）实施方案

党的十九大以来，习近平总书记多次作出重要讲话和指示批示，深刻阐述了实施乡村振兴战略的内涵要求、方向道路、工作布局、基本任务和原则要求。

2018年1月2日，公布了2018年《中共中央国务院关于实施乡村振兴战略的意见》（以下简称《意见》）。

2018年3月5日，国务院总理李克强在做政府工作报告时说，大力实施乡村振兴战略。科学制定规划，健全城乡融合发展体制机制，依靠改革创新壮大乡村发展新动能。

推进农业供给侧结构性改革。促进农林牧渔业和种业创新发展，加快建设现代农业产业园和特色农产品优势区，稳定和优化粮食生产。新增高标准农田8000万亩以上、高效节水灌溉面积2000万亩。培育新型经营主体，加强面向小农户的社会化服务。发展“互联网+农业”，多渠道增加农民收入，促进农村一二三产业融合发展。

全面深化农村改革。落实第二轮土地承包到期后再延长30年的政策。探索宅基地所有权、资格权、使用权分置改革。改进耕地占补平衡管理办法，建立新增耕地指标、城乡建设用地增减挂钩节余指标跨省域调剂机制，所得收益全部用于脱贫攻坚和支持乡村振兴。深化粮食收储、集体产权、集体林权、国有林区林场、农垦、供销社等改革，使农业农村充满生机活力。

推动农村各项事业全面发展。改善供水、供电、信息等基础设施，新建改建农村公路20万公里。稳步开展农村人居环境整治三年行动，推进“厕所革命”。促进农村移风易俗。健全自治、法治、德治相结合的乡村治理体系。我们要坚持走中国特色社会主义乡村振兴道路，加快实现农业农村现代化。

2018年5月31日，中共中央政治局召开会议，审议《国家乡村振兴战略规划（2018—2022年）》。

2018年9月，中共中央、国务院印发了《乡村振兴战略规划（2018—2022年）》（以下简称《规划》），并发出通知，要求各地区、各部门结合实际认真贯彻落实。明确了2018~2022年乡村发展的重点任务。具体来看分别从整体要求、构建乡村振兴新格局、加快农业现代化步伐、发展壮大乡村产业等方面进行了细化规定。《规划》遵照党中央、国务院决策部署，依据2018年《意见》作出的阶段性安排和部署，两者相辅相成，有机统一。《意见》对实施乡村振兴战略作出了全面的部署，《规划》是在落实这一部署的前提下，提出的第一阶段的任务。

（四）实施模式

1. 丰信农业服务模式。

（1）针对种植者搭建的服务体系。围绕着种植者，包括专业的种植大户、种植公司以及普通农户，建立的一套线上线下立体服务体系。种植者只需注册成为会员，丰信农业即根据种植者要求提供个性化种植方案、农资代购、农事提醒、农技指导等全面服务。种植者只需要按指导去干农活，种地变得简单省心。

（2）成熟开放的线下服务体系。将多年打造成熟的线下服务体系开放给农村创业者，协助农村创业者在家门口轻松创业，共同服务好种植者。原来需要由专业农技人员从事的服务工作，在丰信模式中，普通农户即可胜任，大幅地提升了运营效率、降低了成本。

2. 乡村振兴社员网模式。

（1）社员网同各大县域合作，以“互联网+精准扶贫+农产品上行”为切入点，通过对接农产品上行促进种植大户、家庭农场、合作社等新型农业经营主体发展，有效带动广大农民增收、脱贫、致富，这是对乡村振兴战略“培育新型农业经营主体”和“多渠道增加农民收入”的成功践行。

（2）在农产品上行中特别注重突出区域品牌，延长产业链条，拓展农资、加工、物流等多种社会化服务业务，积极探索打造农业产业化联合体和农产品综合交易中心，大力推进构建现代农业产业体系、生产体系、经营体系，这是对乡村振兴战略“促进农业创新发展”“促进农村一二三产业融合发展”的成功践行。

（3）与各大县域合作，以“互联网+精准扶贫+农产品上行”为切入点，依托社员网业内领先的农产品电商和农业大数据为农民卖货提供交易平台，为县域扶贫提供决策支持，为农民提供多种类型的农村电子商务培训，帮助具备条件的新农主体发展电商，走线上线下结合、创新农业经营之路，这是对乡村振兴战略“互联网+农业”的践行。同时，这些工作与社员网本身承接的“农业部新型农业经营主体信息直报系统”运营推广工作结合，更可以有效贯彻落实乡村振兴战略“培育新型农业经营主体”的要求。

（4）通过在田间地头布控大宗农产品上行团队，衔接线上供需信息精准匹配之后的服务环节，全程调度验货、集货、收货、分级、装卸、配车等一站式服务，促进农村人口就业和为农户提供社会化服务，加上帮助农户直接卖货，有效推进了扶贫脱贫工作的开展。

二、全面了解乡村振兴战略

实施乡村振兴战略的总要求是“产业兴旺、生态宜居、乡风文明、治理有效、生活富裕”，涉及农村经济、政治、文化、社会、生态文明和党的建设等多个方面，彼此之间相互联系、相互协调、相互促进、相辅相成。

中共中央政治局召开会议审议了《乡村振兴战略规划（2018—2022年）》，标志乡村振兴这一重大战略全面进入落地实施期。乡村振兴战略是以习近平同志为核心的党中央着眼党和国家事业全局，对“三农”工作作出的重大决策部署，顺应了亿万农民对美好生活的向往，具有广泛的现实需求和深刻的时代必然性，必将给我国“三农”发展带来重大而深远的影响。

（一）乡村振兴战略的时代价值

1. 国民经济和社会发展阶段性变化赋予农业农村新使命。农业农村经济是国民经济的重要组成部分，乡村振兴这一重大战略的提出，是国民经济和社会发展出现重要阶段性变化的必然要求。当前，我国经济社会发展进入新阶段，突出表现为第三产业对GDP的贡献率、最终消费支出对GDP的贡献率以及城镇化率均接近60%，这些指标通常用来表征一个经济体正在走向稳定和成熟。新的发展阶段需要重新调整城乡工农关系，同时也赋予了农业农村新使命。长期以来，农业和农村扮演着食物供给、要素贡献的角色，生产功能、增产导向占主导地位。当经济社会发展进入高质量发展阶段后，结构性矛盾上升为主要矛盾，发展对资源要素量的投入依赖程度下降，这需要农业从增产转向提质，农村从要素供给向生态空间、文化传承、新消费载体等转变。

2. “大国小农”的基本国情农情决定乡村振兴的必然性。从全球现代化的一般历程看，农业和农村发展呈现两个客观趋向，即农业比重会持续下降、农村人口会不断减少。改革开放以来，我国农业农村发展情况大体符合这一趋势。1978～2017年，我国农业增加值占国内生产总值的比重从28.2%下降至7.9%，农村人口占总人口的比重从82.1%下降至41.5%。在这两个趋势的变化过程中，一些地方也出现了农业萎缩、农村凋敝、人口老龄化等问题。然而，全球范围内还没有一个人口超过10亿的国家实现现代化的先例，我国现代化的进程注定不同于他国，这也意味着即便我国城镇化率达到稳定发展阶段，还将有几亿农民在农村生产生活，如果不解决他们的问题，我国的现代化将是不完整、不全面、不牢固的。

3. 制度、市场、技术条件交汇为乡村振兴创造基础。当前，实施乡村振兴战略具有广泛的现实基础，制度层面惠农政策持续叠加产生累积效应、技术层面新技术广泛渗透、市场层面需求的升级以及要素层面城乡要素流动加强等综合作用，为推进乡村振兴创设有利条件。近年来，我国重要农产品价格、农村产权等领域的改革不断取得突破，政策持续叠加产生累积效应，不断激发农村发展活力，调动了城市资源下乡动力；新技术广泛渗透于农业生产、服务、加工、流通和营销等各个环节和农村发展的各个方面，为农业功能拓展、产业链延伸提供了条件；人民群众对美好生活有了更多向往，既要吃饱吃好，也要吃得安全、吃得营养、吃得健康，对清新美丽的田园风光、洁净良好的生态环境有了更多期待，这为农业新产业新业态新模式发展提供了需求基础。

（二）乡村振兴战略“五位一体”的内在逻辑

1. 产业兴旺奠定乡村振兴的物质基础。产业兴旺是乡村振兴的重点，是乡村政治、文化、社会、生态文明建设的前提和基础。没有兴旺的产业，农民就业增收就保障不了，农村留人聚气也会很困难。当前我国农村人口资源要素持续外流，部分农村凋敝，关键是产业没有发展起来，特别是非农产业发展不充分。推进乡村振兴发展，不仅要有鸡犬相闻的田园风貌，更要有充满活力的乡村经济。产业兴旺，明确了要在何种水平上实现振兴的问题。

2. 生态宜居衡量乡村振兴的内在品质。生态宜居是乡村振兴的关键，绿色是乡村产业发展、基础设施建设的底色。中国要美，农村必须美。农村美，美在“看得见山、望得见水”的自然生态，美在尊重自然、顺应自然、保护自然的绿色生产生活方式。乡村产业兴旺，不能以牺牲环境、透支资源为代价；农民生活富裕，应该形成低碳绿色生活方式，不能让“垃圾围村、污水横流”的现象存在。生态宜居，明确了要以何种品质实现振兴的问题。

3. 乡风文明塑造乡村振兴的主体价值。乡风文明是乡村振兴的保障，具有浸润人心、引领向善，规范行为、凝聚力量的积极作用。文明乡风是乡村社会得以延续和发展的内核，能为产业发展、生态建设、社会治理提供强有力的精神动力和智力支持。推进乡村振兴发展，不能忽视甚至牺牲乡土文化的独立性和主体性，乡土文化不能成为城市文明的附庸，应促进乡村文化特色与城市现代文化融合，让乡风文明更具时代性、更富生命力。乡风文明，明确了要以何种精神风貌实现振兴的问题。

4. 治理有效关系乡村振兴主体能动性。治理有效是乡村振兴的基础。在城乡融合发展新阶段，城乡人口流动性增强，部分农村劳动力会继续向城市转移，部分城市人口会下乡，农村人口结构、治理结构将更加复杂。要有效调动、高效组织各类主体参与乡村振兴，需要构建自治、法治、德治相结合的乡村治理体系。治理有效，明确了要如何凝聚农村各方力量实现振兴的问题。

5. 生活富裕明确乡村振兴的目标导向。生活富裕是乡村振兴的根本，是产业发展、生态建设、文化建设、社会治理的重要目标。推进乡村振兴，必然是惠及广大农民的振兴，是让亿万农民过上更加富裕体面有尊严生活的振兴。为此，需要围绕农民群众最关心最直接最现实的利益问题，来发展产业、优化生态、传承乡风、强化治理，把乡村真正建设成为幸福美丽新家园。生活富裕，明确了为了谁、为了什么而振兴的问题。

（三）实施乡村振兴的重要作用

1. 发挥党组织领导作用。习近平总书记2016年在安徽小岗村农村改革座谈会上强调，党管农村工作是我们的传统，这个传统不能丢。实施好乡村振兴战略，办好农村的事情，关键在党。乡村振兴战略作为党和国家的重大决策部署，是一项复杂的系统工程，需要发挥党总揽全局、协调各方的作用，健全党管农村工作领导体制机制和党内法规，增强领导农村工作本领，加强“三农”工作队伍建设，压实责任、夯实基层，把党管农村工作的要求落到实处，为乡村振兴提供坚强有力的政治保障。

2. 发挥规划引领作用。习近平总书记强调，实施乡村振兴战略是一篇大文章，要统筹谋划，科学推进。推进乡村振兴具有前所未有的长远性和全局性，必须坚持规划先行，加快形成城乡融合、区域一体、多规合一的规划体系，强化乡村振兴战略的规划引领作用。过去在农村建设过程中，一些地方对农村经济、人口结构等变化趋势把握不准，缺乏科学规划，造成基础设施投资低效甚至浪费，走过一些弯路。推进实施乡村振兴战略，需要树立城乡融合、一体设计、多规合一理念，通过规划来细化实化工作重点和保障措施，分类扎实有序推进乡村振兴。

3. 发挥制度保障作用。改革是乡村振兴的法宝，推动乡村振兴落地见效，需要把制度建设贯穿其中。从新中国成立以来我国“三农”发展实践看，每次农业制度和政策的重要调整，与之伴生的往往是工农关系、城乡关系的深刻演变。实施乡村振兴战略，推进城乡融合发展，需要加快破除城乡二元体制机制弊端，突破利益固化樊篱，以农村土地制度、集体产权制度、公共资源配置机制、要素市场化配置机制等为重点，抓好“人、地、钱”三要素，建立健全城乡融合发展体制机制，构建以提质为导向、符合“三农”发展阶段转换要求的支持政策体系，激活主体、激活要素、激活市场。

（四）乡村振兴的发展前景

实施乡村振兴战略，加快城乡融合发展。党的十九大报告中两次提到乡村振兴战略，并且把它作为决胜全面建成小康社会的七大战略之一，这说明实施乡村振兴迫在眉睫。乡村振兴战略的提出，也为新时代乡村发展指明了前进方向，是新时代加快城乡融合发展的重大战略。因此，我们要牢牢把握新时代推进城乡融合发展的正确方向，推动乡村振兴战略落地落实。

实施乡村振兴战略，推进农业农村现代化。因为懂农业，方能知轻重。农业是民生大计，是强国之本，是富民之基，大力发展农业，能有效推进农业现代化，实现乡村振兴。因为爱农村，方能守初心。农村是创业创新的广阔天地，是双创人员实现人生梦想的舞台，是实现乡村振兴梦想的摇篮。返乡热潮的兴起，是双创人才不忘初心，造福乡亲的最大表现。

实施乡村振兴战略，实现“农业强、农村美、农民富”。党的十九大报告提出，“培养造就一支懂农业、爱农村、爱农民的‘三农’工作队伍”是实现乡村振兴的根本所在，是新时期加强农业农村干部和人才队伍建设的方向。“懂农业、爱农村、爱农民”作为新时代“三农”队伍的基本素养，只有着力打造好这支队伍，才能更好地实施乡村振兴战略，才能调动农民积极性，主动创业创新。农民对他们脚下热土的感情是最深的，只有像农民一样发自内心地热爱农村，他们才会时刻惦记农村的发展，才会为农民谋幸福，实现“农业强、农村美、农民富”的和谐农村新面貌。农村稳则天下安，农业兴则基础牢，农民富则国家盛。借双创实现个人梦想，乡村振兴，前景可期，指日可待。

三、乡村振兴面临的困难与对策

（一）乡村振兴面临的问题

实施乡村振兴战略是党中央对“三农”工作的全面部署，是破解城镇化进程中乡村发展困境的根本途径。当前，实施乡村振兴战略面临农民增收难、农业农村投入资金不足、绿色发展任务艰巨、人才短缺等难点。新时代，要从根本上破解社会的主要矛盾，就必须坚持农业农村优先发展，建立健全城乡融合的体制机制和政策体系，走中国特色的乡村全面振兴之路，加快推进农业农村现代化进程。

一是现代农业发展乏力，城乡二元经济结构转化滞后。改革开放以来，我国农业现代化水平虽然得到了快速提升，但仍滞后于城镇化、工业化进程。

二是农村环境问题突出，老龄化、空心化日益严重。良好的生态环境，是农村相对于城市地区的最大优势和宝贵财富，但近年来以农业面源污染、农村人居环境不佳为代表的农村环境问题日益突出。

三是农业劳动力人力资本水平较低，农民增收难度加大。由于教育、医疗等公共服务供给长期不足，我国农民整体人力资本水平偏低的状况未得到根本转变，农村劳动力的人力资本投资处于较低水平，全国 91.8% 的农业从业人员仅具备初中及以下文化水平，西部和东北地区接受高中及以上教育的农业从业人员比重不超过 7%，这是农业农村现代化和经济转型升级过程中必须面对的重大问题。

（二）乡村振兴面临的难点

要破解乡村发展困境、解决城乡发展不平衡问题，必须全面实施乡村振兴战略。当前，在实施乡村振兴战略的过程中仍存在几大难点和短板。

1. 农民增收难，持续缩小城乡收入差距是短板。近年来农村居民收入增长明显乏力，农业生产对农民增收的贡献逐步下滑，农民收入的增长主要依靠农业经营净收入之外的国家财政或第二、第三产业支撑。

2. 农业农村投入资金不足，实现城乡基本公共服务均等化是薄弱环节。城乡居民在医疗卫生和最低生活保障等方面具有较大差距。因此，应以实现城乡基本公共服务均等化为目标，继续增加农业农村资金投入，加快推进农村现代化进程。

3. 实现农业农村绿色发展任务艰巨。农业面源污染是造成农村生态环境恶化的重要因素，这主要来自长期不合理的使用化肥、农药以及规模化畜禽养殖业的废弃物。

4. 各类人才短缺，提高农民素质和科学文化水平是关键。随着经济快速发展和城镇化的快速推进，城乡劳动生产率之间的差距日益显著，一大批有文化、有知识、懂技术、高素质的农村青壮年劳动力涌入城市，留守老人、留守妇女、留守儿童成为农村人口代表。

（三）建设乡村全面振兴的五大政策支持

当前，中国特色社会主义进入了新时代，必须坚持农业农村优先发展，建立健全城乡融合的体制机制和政策体系，全面实施乡村振兴战略，走中国特色的乡村全面振兴之路，加快推进农业农村现代化进程。

1. 始终紧绷国家粮食安全这根弦不放松。目前，我国粮食产能稳定达到新的水平，粮食供求总量呈现出宽松的态势。但从产品结构看，粮食主要品种结构性过剩和短缺并存的矛盾并未得到根本缓解。在实施乡村振兴战略中，必须坚持稳定粮食产能，确保粮食生产能力不降低。

2. 建立乡村振兴与新型城镇化的联动机制。一方面，实施乡村振兴战略要以推进新型城镇化为前提，做好产业布局和村庄整治规划。另一方面，在推进新型城镇化的过程中，要鼓励城市资金、技术、人才等要素向农村流动，发挥城市对农村的带动和辐射作用，促进乡村全面振兴。

3. 构建可持续的农民增收长效机制。乡村振兴的落脚点是生活富裕，而生活富裕的关键在增收，农民增收则要依靠农村产业支撑。

4. 明确乡村全面振兴的标志和实施路径。“产业振兴、人才振兴、文化振兴、生态振兴、组织振兴”是当前促进乡村全面振兴的核心内涵，也是实施乡村振兴战略的五个关键支撑点。

5. 采取分区分类的差别化推进策略。一定要坚持因地制宜、分类指导、精准施策，针对不同区域、不同类型的村庄，实行分区分类的差别化推进策略，鼓励探索多种形式的乡村振兴模式，打造各具特色的乡村振兴样板。

四、坚持新发展理念，推进乡村振兴

中国特色社会主义进入新时代，我国社会主要矛盾已经转化为人民日益增长的美好生活需要和不平衡不充分的发展之间的矛盾，加快解决发展中不平衡不充分的问题已经成为当前工作的主要任务。其中，实施乡村振兴战略，让广大农村的发展赶上国家现代化的步伐，是关键任务之一。党的十九大和2017年中央经济工作会议先后提出乡村振兴战略，2018年《意见》进一步指出，实施乡村振兴战略，是党的十九大作出的重大决策部署，是决胜全面建成小康社会、全面建设社会主义现代化国家的重大历史任务，是新时代“三农”工作的总抓手。这些会议的召开及相关文件的出台，吹响了我国实现乡村振兴的号角。

（一）深刻认识乡村振兴的时代使命

改革开放以来，中国农村的发展由体制改革起步，也在不断的改革创新中得以巩固和发展。40 年前家庭联产承包责任制的实施，适合当时的农村生产力条件，有效激发了农民的生产热情，解放了农业生产力；20 年前广东一些地区的集体土地股份制改革，促进了土地、资本、人口的合理流转流动，提升了土地使用的效能，因此后来在全国推广；当前正在推进中的土地确权，进一步保障了农民长期经营的权益。另外，粮食市场化、基层治理等多项改革，为保障农村长远发展奠定了坚实的制度基础。党的十八大以来，农村政策更加注重政治、经济、文化、生态等领域的协调并进。党的十九大提出的乡村振兴战略更是把“产业兴旺、生态宜居、乡风文明、治理有效、生活富裕”作为总要求，并提出了城乡融合发展的新思路。这意味着，新时代的乡村建设将在更大视野和更大格局下展开。

当前党和国家对于农村采取的是“多予、少取、放活”的方针，不断加强支农惠农政策，使农民群众的生活水平不断提高。2006 年，国家在全国范围内统一取消了农业税和农业特产税，并对种粮农民和主要粮食品种实施“四补贴”和保护价收购政策。党的十八大以来，党和国家进一步加强了对农民教育、就业、医疗、社保、生活环境等问题的关注。党的十九大报告关于我国社会主要矛盾的新判断，表明人民不仅对物质文化生活提出了更高要求，而且在民主、法治、公平、安全、环境等方面的要求也日益增长。乡村振兴战略正是基于农民群众对美好生活的向往所做的决策部署，具有丰富的内涵，开启了决胜全面小康的新阶段。

产业兴旺是农村发展的经济基础，在我国加入 WTO 以来日益开放的背景下，农业市场与国际市场的接轨程度越来越高，既为农业发展提供了广阔的空间，同时也倒逼农业产业体制和产品结构不断改进和完善。保持农村产业的竞争力，保障农业发展与经济现代化进程基本同步，既需要农业生产的国际化、标准化，也需要适合高水平、高标准、高质量、高效率农业生产体系的新型农业经营和管理模式，加快开放型农业格局的形成。党的十八大以来，中国农业进入一个新的发展阶段，更加注重发展高产、优质、高效、生态、安全的现代农业，更加注重发挥各地农业的比较优势，更加注重农业的可持续发展。乡村振兴战略的提出，为新时代的农业高质量发展指明了方向。

（二）切实把握乡村振兴的实践要求

乡村振兴不是就农村而谈农村，也不是简单的“城市反哺农村”，而是要把乡村和城市对接融合起来，让乡村适应城市生产和消费空间拓展的趋势，发展对接城市生产、消费的产业形态。一方面农业要融入整个现代化产业链条中，另一方面不能简单理解为将乡村城市化，而是要遵循乡村自身发展规律，补农村短板，扬农村长处，保留乡村味道，留住田园乡愁。城乡之间，不仅是农村的要素流向城市，城市的要素和资源也要流向农村。此外，乡村振兴不能简单模仿其他国家的农村发展路径，必须立足本国国情特点，坚持走中国特色的城乡融合发展道路。

在乡村振兴的实践中，要靠“带头人”的言传身教去感染带动广大农民，凝聚基层合力。选好带头人是决定一个乡村发展前景的大事，除了上级政府组织的把关考察，也要接受基层村民的评议监督。一个好的带头人，必须坚定共产党人的理想信念，将为人民服务的宗旨贯穿于实践，敢于承担，用行动取信于民；一个好的带头人，必须善于利用乡村资源，发挥传统文化在乡村治理中的作用；一个好的带头人，必须尊重广大农民主体地位，探索农村发展的内生动力和长效机制。

新时代深化农村改革，主线仍然是处理好农民与土地的关系。

要运用好土地资源，保持集体土地制度前提下的土地合理流转，并在科学分配的前提下实现土地的集约化经营，这是解决“三农”问题的重要内容。在推进土地集约化经营过程中，确权、流转过程中的各个环节是有机统一的，任何一个环节失效都有可能导致农民利益受损、农村发展陷入困境。

发展集体经济是振兴贫困地区农业发展、实现共同富裕的重要保证，是促进农村商品经济发展的推动力。壮大乡村集体经济，并不是要否定村民个体利益，而是要通过集体资产保值增值和内部丰歉调剂，建立村集体经济组织成员增收的长效保障机制，实现每一位村民利益的最大化，这是建设现代乡村共同体的物质前提。

（三）奋力开拓乡村振兴的崭新道路

新时代中国发展面临的新矛盾新问题，决定了农村发展必须超越对传统工业化的路径依赖，实现创新发展、协调发展、绿色发展、开放发展和共享发展。推动农村的创新发展，就是要加大创新驱动力度，推进农业供给侧结构性改革，加快转变农业发展方式，不断激发农村发展的活力。推动农村的协调发展，就是在推进城乡一体化和区域均衡发展的前提下，促进农村各项事业的协调统一，实现物质文明和精神文明建设的齐头并进、协同发展。推动农村的绿色发展，就是遵循乡村自身发展规律，将生态文明建设融入乡村经济、政治、文化、社会建设的各方面和全过程，让人们望得见山、看得见水、记得住乡愁。推动农村的开放发展，就是要将“三农”问题置于全球经济一体化的背景之中，统筹利用好国际国内两种资源两个市场，拓展农业农村发展的战略空间，形成进出有序、优势互补、互利共赢的农业开放发展格局。推动农村的共享发展，就是坚持以人民为中心的发展理念，全面实施精准扶贫战略，打好扶贫攻坚战，让农民平等参与改革发展的进程，共享改革发展成果。

随着社会主义市场经济的发展，农村的生产关系和治理结构也发生了巨大变化，迫切需要进一步发挥基层党组织在协调利益、维系稳定、引领发展中的核心作用。党的十九大报告更是提出健全自治、法治、德治相结合的乡村治理体系。因此，在乡村治理中要强化党的基层权威，围绕自治、法治、德治相结合的实践去规划党建工作，努力实现党的领导和人民当家做主、依法治国的内在统一。要推进党建与自治的统一，将党的领导和党内规则融入村民自治的过程中，使党员成为村民自治的引导者、维护者和示范者。要推进党建与法治的统一，将党法党规的学习与普法学习宣传结合起来，通过党员的行为示范作用去强化党组织在乡村的权威形象。要将党的原则与传统道德准则结合起来，尊重乡村的民俗礼仪习惯，吸纳新乡贤参与乡村事务的决策协商。

随着农业机械化和电子商务等的迅猛发展，引入现代经营模式，加快农业转型升级，日益成为壮大农村集体经济的内在要求。引入现代经营模式，首先应推进农村集体经营性资产的股份合作制改革，推进所有权、承包权、经营权三权分置，完善农村集体资产股份占有、收益、有偿退出以及抵押、担保、继承等权能，逐步构建归属清晰、权能完整、流转顺畅、保护严格的中国特色社会主义农村集体产权制度。其次应建立符合市场经济要求的农村集体经济运行机制。

促进城乡融合，建设宜居小镇是未来乡村振兴的愿景，需要把握三个关键问题。一是坚持农村优先发展，加大对农村的投入倾斜力度，在资金、人才、技术等要素方面给予更多保障，切实推进城乡统筹发展。二是坚持生态保护和文化发展并重，充分发挥农村在乡风乡情乡貌上的特色优势，引导城市资源的自觉有序流入，实现城乡发展的优势互补、互利双赢。三是坚持特色小镇的人性化建设，按照以人为本的原则推进乡村的环境设计、建筑外观、功能布局、能源利用及生活服务，真正将特色小镇打造成为联结城乡居民生活发展的桥梁。

【小资料】

乡村振兴应落实好新发展理念

实施乡村振兴战略的重大部署，首次将农业农村工作上升为国家战略，标志着我国乡村发展将进入一个崭新的阶段，也预示着一个以乡村振兴为基础的新时代即将到来。农业农村农民问题是关系我国国计民生的根本性问题。推进乡村振兴战略落实落地，关键要解决有钱办事、有人办事、有平台办事的问题。实施乡村振兴战略是一项系统工程，涉及社会治理、产业发展、文化保护与传承、生态保护、乡村建设，到政治建设、党组织建设等领域。乡村振兴是全方位、全领域、全系统振兴。毫无疑问，实施乡村振兴战略，必须在科学统筹，加强顶层设计的前提下，落实好新发展理念。

乡村振兴应落实好新发展理念，要树立高质量发展的意识。“民生无小事，枝叶总关情”。实施乡村振兴战略，必须落实新发展理念，坚持人与自然和谐共生原则，尊重把握客观规律，多运用符合农村实际的自然乡土办法解决现实问题。要探索解决农村生活垃圾治理、开展厕所粪污治理、农村生活污水治理、提升村容村貌、完善建设和管护机制等方面的实际问题。其中，改善农村人居环境，建设美丽宜居乡村，是实施乡村振兴战略的一项重要任务。政府部门要重点做好村落或居住点的规划，包括路、水、电、网络和房屋；要做好对当地规划的引导，指导乡村在建设中注重凸显地方特色；要注重打造特色村庄，做好乡村的历史文化挖掘和保护，实现在发展中保护、在保护中发展的全新路径；要对传统村落、旅游村庄，结合实际需求，编制相应可实施性的规划。

资料来源：乡村振兴应落实好新发展理念［EB/OL］. 搜狐网，www.sohu.com/a/355605707_100298564？_f = v2 – index – feeds.

问题二　谁是乡村振兴的参与者

党员干部要争当乡村振兴的"主力军"

俗话说，"火车跑得快，全靠车头带。""三农"问题是关系国计民生的根本性问题，推动乡村振兴，必须发挥基层党员干部的示范和引领作用。在基层的干部就在群众身边，常与老百姓打交道，对农村最熟悉，对农民的需求也最为了解。

广大的基层党员干部要争当乡村振兴的"主力军"，以"逢山开路，遇水架桥"的勇气，带领群众"不驰于空想、不骛于虚声"地实干，乡村必将振兴。

"不忘初心，牢记使命。"这是每一个共产党人的铮铮誓言。乡村振兴战略不是一句空口号，讲究的是真刀真枪的"实干"。对于基层党员干部而言，就是要充分发挥先锋模范带头作用，干在实处、走在前列，聚精会神把乡村振兴这台大戏唱好。因此，基层党员干部要以"以时不我待的紧迫感、舍我其谁的责任感"，主动担当，积极作为，刻苦钻研，勤奋工作，为乡村振兴贡献一分力量。

"农业兴则基础牢，农村稳则天下安，农民富则国家盛"。农业强、农村美、农民富是检验党员干部工作优秀与否的标尺。乡村振兴是时代赋予当代党员干部的历史机遇，党员干部作为乡村振兴的“主力军”，理应主动加入“三农”工作队伍中去，扎根到农村去，以自己的专业技能服务“三农”工作，以自己的满腔热情助推乡村振兴。

资料来源：唐岭．党员干部要争当乡村振兴的“主力军”［EB/OL］．中国网视窗，http：//zgsc.china.com.cn/2018－09/10/content_40496478.html.

乡村要振兴，关键在得人，关键依靠人。在培养一支懂农业、爱农村、爱农民的“三农”工作干部队伍的同时，还要提高农民队伍参与其中的积极性。政府出的政策需要大家响应，政府给的项目需要大家发展，乡村的发展需要大家的参与。试想，政府发展乡村的措施得不到响应，没有参与者，又何谈乡村振兴，村民富裕？所以，提高最广大农民群众积极性和参与性是最有效最有活力的要素。

要大力培育造就新型农民群体，着力加强对农民群众的思想教育，动员广大农民群众响应政府号召，参与职业教育、就业培训，着力引导在外务工人员回农村创业，积极参与到乡村振兴事业中来，为乡村振兴注入强大正能量和不竭驱动力。

把人力资本开发放在首要位置，在乡村形成人才、土地、资金、产业汇聚的良性循环。乡村振兴，需要一大批新型职业农民，现代农业，呼唤着乡村人才振兴。现代化农业、绿色农业、休闲农业、农村电商等如雨后春笋般纷纷崛起，机器人摘黄瓜、猪脸远程识别、云端放养管理、大田测土配方施肥等“互联网＋”的农业应用层出不穷。

一、乡村振兴村民参与是关键

乡村振兴，农民是主体。乡村振兴的关键在于农民，要让农民积极参与。要完善相关动员机制，要让农民从“看不见”到

“看得见”，从“看得见”到“给意见”，从“给意见”到“有主见”，从“有主见”到积极投入乡村振兴的事业。

乡村振兴如果没有有知识的新农民参与，就会失去灵魂和动力。当前，国家倡导农民工返乡就业、返乡创业，带动农村产业发展和农民致富。但如何让返乡的农民留得住、干得好，还需要出台更多的配套政策。同时，要大力培育新型农业经营主体，包括农业企业、种粮大户、农村电商等，这些都是将来乡村振兴的主体和骨干力量。

要更好地推进乡村振兴战略，迫切需要培育新农民。但从传统农民到新农民的转变不可能一蹴而就，可能需要几代人的努力。在这个过程中，要引导农民观念转变，树立绿色发展理念，推动农村生态文明建设。要建立以政府投入为主体、多渠道并存的农民教育投入体系，为乡村振兴注入持续动能。

切实推进乡村生态振兴，不能止步于乡村生态基础设施建设，关键是要在乡村生态行为建设上下功夫，唤醒村民生态意识，着力提升乡村生态基础设施的利用效率。通过加强乡村生态行为建设，把乡村生态基础设施利用好。否则，再多的基础设施投资，再好的设备，如果忽视了人的因素，不能让乡村居民实现生态行为上的转变，恐怕设施建设效果也会大打折扣。

正像“现代化的根本是‘人的现代化’”这一命题，人居环境生态化关键也在于“人的行为方式生态化”。在行为模式的培养上，往往需要久久为功，要通过长期培养才能成为习惯，这比设施建设更需要耐心与工夫。而在不少地方，类似举措却经常被忽视，这是应当引起重视的。

推进乡村生态行为建设，离不开农民群众的主动参与，离不开村民组织的积极协作，需要发挥村规民约的规范作用与村民组织的带头作用。针对实践中生态环境保护政策在基层落实难度较大、执行效果欠佳等问题，可以通过发动村干部、乡贤等积极参与，群策群力，形成乡村生态领域的公序良俗和村规民约，充分发挥村规民约的规范作用。要将人与自然和谐共赢的生态自然观融入村规民约中，以农民群众喜闻乐见的方式，在寓教于乐中转变“重经济、轻生态”“大量生产、大量消费、大量弃置”的发展怪圈，带动村民生产、生活方式绿色转型。

此外，针对基层生态环境保护宣教工作中存在的群众参与度不高、接受程度较低等问题，应通过赋予村民自治组织以及农民专业合作社、家庭农场等新型经营主体生态职能，明确新型经营主体的生态保护与宣教责任，统筹新型经营主体的经济目标与生态担当，培育一批带动农民生产方式、生活方式转型的先行群体。让乡村新型经营主体，既担当乡村经济发展的组织员，又担当乡村生态振兴的宣传员。

推进乡村生态振兴，乡村生态行为建设是重要一环。只有在生产生活方式绿色转型中持续激发村民的生态热情与生态担当，才能真正夯实乡村生态建设的成果。

乡村建设困难多、阻力大，最大限度地调动群众参与乡村建设的积极性，要邀请村里老长辈，包括执行村规民约带头者、环境卫生保洁监督者、扶贫项目实施的参与者，为精准扶贫、乡村建设建言献策。

通过广泛动员，村民参与精准扶贫、乡村建设的积极性大大提高，在乡村振兴建设过程中，以村民自己投资为主，政策扶持为辅的模式，调动了村民的积极性。

乡村振兴，村民是主体，全民参与是关键。最大限度地调动广大村民参与建设的积极性和主动性，引导村民主动参与精准扶贫、村容环境整治、艺术节点建设、旅游景观建设的工作中来是乡村建设最大的亮点。

【小资料】

强化乡村治理离不开村民参与

近日，中央发布了《中共中央国务院关于实施乡村振兴战略的意见》。文件提到，我国乡村治理体系和治理能力亟待强化，提出构建乡村治理新体系，加快推进乡村治理体系和治理能力现代化。

乡村治理事关“美丽乡村”“精准扶贫”“治理能力现代化”等党和国家系列大政方针贯彻落实，事关广大农民群众切身利益，事关乡村基层和谐与稳定。但是，我国乡村治理普遍面临结构性问题：一方面，市场化、城市化和现代化进程导致乡村碎片化，原有基于乡缘关系的共同体、慢生活等特有的生产和生活方式被冲蚀，村集体“大家庭”的身份认同日渐式微。另一方面，快速城市化背景下，年轻人多外出打工，留守者多为老人与儿童，优势人才外流，乡村“空心化”现象普遍，村民很难实质性参与乡村发展和乡村治理。

真正意义上的乡村治理与乡村现代化，不应止于乡村经济增长、村容村貌改善等硬件方面，还应落实到广大农村各类人群的全面发展与各种需求的满足上。

乡村治理的核心与要义，在于乡村社区关系的重建和生活意义的重塑，并构建新型乡村社区关系，让乡村社区关系回到乡村发展图景和村民的日常生产生活场景。

乡村“治理有效”的本质和关键，一定是以村民为主体，确立村民的主体性地位，重拾村民的乡村文化认同。

村民在乡村治理中主体性地位确立的前提与基础，在于发自内心的文化认同感，在于各种社区（实践）能力的切实提升。乡村治理应从重塑乡村文化认同和根植乡村公共性两方面下功夫。

具体而言：一是善用“乡村”本身的优势资源，尤其是乡村的社会与文化传统；二是紧扣“治理”的基本理念，即共同参与的意愿和参与能力的提升。

基于“共同体”的乡村社区文化认同感和归属感的建立，是乡村治理的前提和基础。乡村的最大优势在于“乡土性”，在于千丝万缕的社会、文化尤其情感面向的粘联性，在于几千年传承下来共通的社会文化认同和集体记忆。

近些年，“乡土性”虽然受到一定程度的冲击和影响，但基本上乡土的“根”还在，“熟人社会”的影子还在。我们需要强化村民作为“共同体”的集体认同意识和行为主体意识。

根植乡村公共性，激发村民的表达和参与意愿，增强村民议事能力，是乡村治理的本质和关键。乡村治理需要在乡村根植公共性，让村民具备思考、表达、议事、交流和讨论等素养与能力。培养这种素养与能力，一方面需要对村民开展长期的教育和培训，另一方面需要给村民提供一定的公共平台和媒介。

以微信群、村民论坛为载体，打造表达和参与平台。在微信群举办朗诵、唱歌、生日祝福、喜事分享、问题诊断等活动，激发村民表达意愿，提升村民参与能力。过年期间组织召开村里论坛，仿照城里“1+3+X”论坛形式（即1个主持人、3个主讲人和台下自由发言的听众），设置子女教育、打工体验、家庭关系、留守者心声和家乡建设等话题，让村民一起讨论问题。

以村庄规划为切入点，开展社区治理实践。贯彻公众参与和共同治理的基本原则，通过动员村内外部各种资源，聘请熟悉乡村经济、社会、文化、国土和规划等领域的专业人员进村培训村民，让全村人绘制草图，收集家户个体需求和村集体共同需求，在共识基础上制定村庄发展目标、战略与策略。

重视传统文化是乡村治理不能绕过的环节。通过重拾孝道、拍摄全家福、举办长桌宴等加强村民情感纽带的方式，能够强化家庭意识和村集体认同。

在治理能力现代化的目标导向下，有效的乡村治理应当充分调动广大村民的积极性和主动性，引导村民提升表达、议事、交流和讨论等能力，通过文化认同感的凝聚和实际行动力的锤炼，进而确立和巩固村民作为乡村发展和乡村建设的主体性地位。

资料来源：姚华松．强化乡村治理离不开村民参与［N］．中青在线，2018-02-05.

二、青年是重要参与者和主力军

在实施乡村振兴战略的过程中，广大青年发挥着推进乡村振兴的生力军作用。青年是国家和民族的未来，是社会上最富有朝气、创造性和生命力的群体。党和国家历来高度重视青年的成长与发展，始终强调引领青年的成长方向。农村青年为农村经济社会的发展进步作出了不可替代的贡献。随着城镇化进程的加快，受到各种因素的影响，广大农村青年的思想状况也不断发生变化。众多农村青年获得了更多的教育机会和社会流动机会，他们的视野更加广阔，知识水平不断提高，思想更加开放和进步，对美好生活充满向往并持续地追求和奋斗，为美丽乡村建设贡献出自己的聪明才智。

在乡村振兴战略的实施中，一方面，要加强青年人的荣誉感。乡村振兴战略是决胜全面建成小康社会一项重大部署和重要任务。作为实现中华民族伟大复兴的生力军，青年人拥有义不容辞的责任。要进一步加大宣传力度，积极引导青年人投身农村建设。另一方面，要加强青年人的获得感。当前，农村地区相较于城市存在着生活水平低、工作条件艰苦等特点。这也是阻碍青年人回流农村的一个重要因素。为此，对相关福利待遇要在同等条件下，多向在农村地区工作的青年人倾斜，多关心在基层尤其是条件艰苦地区青年人的工作和生活，通过物质上、精神上等多种方式提升农村地区青年人的获得感。充分发挥乡村青年在乡村振兴战略中的作用，促进乡村青年成长成才，通过建设乡村青年服务站等方式，有效服务乡村青年，使其成为连接城乡资源要素和有效激发乡村内在活动的青年发展平台。

【小资料】

青年必须成为乡村振兴主力军

近年来，四川针对农村党员队伍结构不优、优秀青年人才入党渠道不畅等问题，推行乡镇青年人才党支部工作法，畅通农村青年人才入党绿色通道，增强农村党员队伍生机活力，走出了一条农村青年人才党员发展工作的新路。

习近平总书记在党的十九大报告中深刻指出，“中华民族伟大复兴的中国梦终将在一代代青年的接力奋斗中变为现实。”在决胜全面建成小康社会的关键时期，青年是基层人才队伍中的新鲜血液，他们投身基层，付出辛勤与汗水，也收获了成功与喜悦。

就基础设施、社会福利等方面来讲，乡村确实落后于城市，但青年人绝不应该只看到物质方面，只想到自己的舒适。乡村有许多待开发的宝藏，中国梦的实现不能离开乡村，假如农村人以在城市居住为荣，那绝对不是一种和谐的社会形态。乡村可以暂时落后，但绝不能一直落后。完成这一任务，需要年轻人勇担时代责任，为乡村振兴添砖添瓦，让社会主义的光芒照耀每一处。

要加强农村专业人才队伍建设，提高农村专业人才服务保障能力，以探索多元化的人才队伍建设模式，推动农业技术人员入队，利用技术带生产的联合机制，推进农业的高效化生产。加强农业项目专业人才队伍建设，大力培育农业技术人才。研究制定完善相关政策措施和管理办法，鼓励社会人才投身乡村建设，全面建立城市医生教师、科技文化人员等定期服务乡村机制。

青年一代有理想、有本领、有担当，国家就有前途、民族就有希望，要注重加强培养投身乡村振兴建设的新青年人才，积极引导其加入党的伟大事业中来，加强对他们的思想指引，确保乡村振兴战略实施能够得到更好的力量支持与参与，为基层党支部换届储备新鲜力量，谋划更加长远的打算，确保乡村建设后继有人，前仆后继。

乡村振兴之路需要磅礴的青春朝气，好风凭借力，乡村振兴战略的提出鼓励更多优秀的青年俊杰沉向基层，在乡村开辟大有可为大有作为的空间，在这片热土上开启奋斗的征程，实现人生理想，焕发人生光彩。

资料来源：张礼丽．青年必须成为乡村振兴主力军［N］．中国组织人事报，2018－12－20.

三、党员干部应该发挥更大的作用

大力推进乡村振兴，最基础的领导力量是广大农村基层党员干部。作为第一线的工作者，更能深刻领会乡村振兴战略的重要意义和深刻内涵。因此乡村振兴，党员干部要先行。在具体工作中，农村基层党员干部要带领群众听党话、跟党走，不折不扣地落实中央和省委的决策部署，执行上级的要求和决定；积极参加脱贫攻坚，用真情实意为农村百姓排忧解难，千方百计地带领人民群众脱贫致富；要保护好当地的生态环境，践行“绿水青山就是金山银山”的发展理念，带领群众共建美好家园；积极参与扫黑除恶专项斗争，切实维护人民群众的根本利益；提升为人民服务的本领，党员间传帮带，相互促进，共同进步；支持村党组织工作，抓好农村基层党建，真正发挥党员干部的先锋模范和基层党组织的战斗堡垒作用，以人民为中心，团结群众，共建产业兴旺、生态宜居、乡风文明、治理有效、生活富裕的社会主义新农村。

总之，随着乡村振兴战略的推进，“乡村振兴，党员先行”是一个现实而紧迫的工作主题，农村基层党员干部要充分发扬农村党员的示范、辐射、带动作用，不断提升党在农村中的公信力。农村基层党员干部要坚定理想信念，不忘初心，牢记使命，做有信仰的村党员干部，坚守理想信念，坚定政治立场，树牢全心全意为民服务的宗旨，学习先进先辈，传承革命精神。多下基层、多听民声，多办实事、多求实效，多解民忧、多顺民心，让乡村振兴之路更加宽广。

【小资料】

党员干部要主动响应时代召唤

乡村振兴是时代使命，也是机遇和担当。刚刚闭幕的中央农村工作会议指出，在中国特色社会主义新时代，乡村是一个可以大有作为的广阔天地，迎来了难得的发展机遇。

拥抱农村这方热土，投身乡村振兴战略，见证党员干部担当，也是新时代的“赶考”。中央明确提出要加强“三农”工作干部队伍的培养、配备、管理、使用，把到农村一线锻炼作为培养干部的重要途径，形成人才向农村基层一线流动的用人导向，造就一支懂农业、爱农村、爱农民的农村工作队伍。党员干部要认清形势、响应号召，敢于担当、主动作为，用实干苦干，旗帜鲜明地回答好“乡村振兴”这道“时代考题”。

面对选择要“留”。乡村振兴，就是时代召唤，党员干部要主动去农村干事创业。2006年底，沈浩在小岗村的第一个任职届满时，村民写下挽留信，按下98颗红手印，把他留了下来。2009年，第二个任期即将结束时，村民还想留他，沈浩笑着说："我不走了，永远在小岗干了。"他工作到生命最后一刻，去世后也留在了小岗，兑现了"一生忠诚于党、永远热爱农村"的铮铮誓言。新时代的党员干部要以沈浩为榜样，扎根农村，献身农村，人往基层去，心往基层留，把基层的凳子坐热，把农村的事业干好，与群众一块苦、一块过、一块干，做到为官一任造福一方。

面对困难要"拼"。任何伟大的事业都是拼出来的。兰考当年是个灾区，工作条件非常艰苦。在去兰考任职之前，面对组织上征求意见时，焦裕禄毫无二话、当即表态，坚决服从安排，兰考不脱贫永远不离开。在接下来的日子里，他一心扑在工作上，潜心为民治"三害"，直至献出了宝贵的生命，向党和人民交上了优秀的答卷。如今，进入了新时代，但农村面临的困难和挑战依然严峻，"振兴乡村"绝不是轻轻松松、敲锣打鼓就能实现的，需要付出艰苦奋斗和百倍努力。党员干部要像焦裕禄那样，做党的一块砖，哪里需要哪里搬，积极投身乡村振兴战略之中，奋战在最艰苦的地方，坚守在最需要的岗位，敢于战胜一切困难，永葆共产党人的奋斗底色和忠诚本色。

面对现实要"干"。乡村振兴要拿出行动、实干苦干。1983年，李保国和妻子带着不满一周岁的儿子，离开大学校园走进太行山区，从此把家搬到了大山里，接下来的30年里，把自己变成农民，把农民变为致富专家，用科技力量改变了山村贫穷的面貌，为乡亲们找到了脱贫致富的"金钥匙"。实施乡村振兴，党员干部就要成为一个个"李保国"，当好新时代的"愚公"，发扬实干苦干精神，一件事情接着一件事情办，一年接着一年干，做出经得起历史和人民检验的实绩，不断满足人民对美好生活的需要。

面对奉献要“常”。乡村振兴是个宏伟的事业，需要党员干部付出长期努力、一生奉献。党的好干部杨善洲，退休后坚守山林，义务工作20多年，树立了“无私奉献、一生为民”的典范。党员干部要以杨善洲为榜样，不忘初心、牢记使命，一生为党工作，一生为振兴乡村而努力奋斗，用不变的言行为党增光添彩，才是不负时代和人民的好党员好干部。

资料来源：庄永明．“乡村振兴”是党员干部的时代担当［EB/OL］．求是网，http：//www. qstheory. cn/laigao/2018－01/05/c_1122217124. htm.

四、妇女支起乡村振兴的半边天

要达到产业兴旺、生态宜居、乡风文明、治理有效、生活富裕的总体要求，实现农业强、农村美、农民富，仅有经济是不够的，需要多管齐下。在实施乡村振兴战略中，农村妇女不仅是确保粮食安全的主力军、农村经济建设的排头兵，还是良好乡风的塑造者、村务管理的生力军、和谐农村的稳压器。

重视妇女工作，全力支持各级妇联组织在乡村振兴战略中引领广大农村妇女发挥作用。其中，妇联组织开展的“农村妇女素质提升计划”和“美丽家园”创建活动等，都为乡村振兴战略提供了巨大能量。

随着时代的发展，妇女在经济社会发展中的作用越来越大。她们在促进经济、环境治理中扮演着重要角色。吸引外出务工农村妇女回村参与乡村振兴战略，还可以解决留守儿童问题。留守儿童群体，虽然政府和各相关部门给予他们一定的关爱，但这代替不了父母的爱。留守孩子的心理和性格容易出现问题，需要得到重视。对于已结婚生子的农村中青年妇女来说，有较为迫切的回乡就业意愿。如果能通过相关政策或者产业项目引导、吸引更多中青年女性从业者回乡工作，就能间接改善贫困地区留守儿童和老年人的生存状态等问题。

在实施乡村振兴战略中，如何更好地发挥女性作用?

要进一步发挥女企协等带动作用，开展一对一帮扶，为农村女性提供更多就业机会，通过一些巾帼示范基地，对妇女进行技能培训，培养一批女专业经纪人、女龙头企业带头人、致富女能手，变“输血”为“造血”，把“巾帼脱贫行动”“乡村振兴巾帼行动”落到实处、引向深入。

在“寻找最美家庭”等活动中，要将重点向乡村倾斜，着重发现并挖掘农村优秀女性的家风故事，促使乡村形成家风好、民风纯、社风清的好氛围，汇聚起乡村崇德向善的强大正能量。还要继续组织引领广大农村妇女主动参与城乡环境大整治等工作，动员妇女在庭院植树种花，绿化美化环境，共建共享生态宜居新农家。

要积极支持培养新型女农民，根据农村的特殊情况，如留守妇女、留守老人比较多的情况，加强文化素质的提升，尤其是有针对性地对妇女做一些创业技能的培养。

与妇女儿童相关的阵地建设要更多地向农村倾斜，通过阵地建设为她们提供更好的活动空间、学习空间、培训空间。

总之，自党的十九大作出实施乡村振兴战略重大决策部署后，从中央到地方，乡村振兴战略已经成为“三农”工作的总抓手，各相关力量已经积极响应。乡村振兴战略，是社会主义新农村建设的重要升级，百姓自然拥护。对于乡村振兴，妇女还有更多期盼，比如基础设施的改善，环保、生态的改善，她们还期盼能够过上更好的日子，能够有好的就业条件，孩子能够有好的学校，能够有好的医院就近就医，等等。乡村振兴战略，是一个全面振兴的综合概念。它既包括了经济、社会、文化振兴，也包括治理体系创新和生态文明进步。重视发挥妇女在社会生活中的重要作用、在家庭生活中的独特作用，在乡村振兴战略实施中，妇女将大有可为，也会大有作为。

【小资料】

发挥乡村振兴中的“半边天”作用

党的十九大提出了乡村振兴战略，报告指出：“农业农村农民问题是关系国计民生的根本性问题，必须把解决‘三农’问题作为全党的重中之重，实施乡村振兴战略。”由于城乡二元结构长期存在，形成了农村男性劳动力多数常年在城市打工，而妇女更多留守农村的现象。农村女性既是乡村振兴战略中的获益者、享有者，更是不可或缺的参与者、建设者，发挥好女性作用，加快乡村振兴步伐。

激发女性活力，发挥人才作用。新时代对女性应有新的认定标准，给女性提供全方位的发展途径，可以激活女性内在潜力。通过广泛开展多角度多形式的活动，在乡村挖掘一批女性产业带头人，扬其所长，针对所在领域开展技术指导与支持，在政策上鼓励发展，不断激发创业热情，带动周围农户共同致富。

突出女性作用，建设文明乡风。以培育和践行社会主义核心价值观为主线，开展思想道德建设，深化乡风文明建设。广泛开展寻找“最美家庭”“五好家庭”“平安家庭”“绿色家庭”等活动，选树好媳妇、好儿女、好公婆等孝老爱亲典型，增强家庭荣誉感，营造广大妇女群众比学赶超的良好氛围，以点带面，从线到片，逐步形成全乡共创文明风气的局面。

加强教育引领，提高女性素质。着眼提高能力，组织引导女性在乡村振兴中展现作为。大力开展思想教育，宣传党的乡村振兴方针政策，引领妇女群众积极投身乡村振兴战略。帮助妇女及时了解、掌握和运用强农惠农富农政策，助力改变农村妇女传统的耕作模式和自养型家庭经济模式，倡导科学种田和集约化经营模式，致力于土地污染问题改善，提倡有机种植，绿色种植。

强化女性责任，整治生态环境。大力开展“美丽家园”创建活动，引导农村妇女共建共享生态宜居新农家，革除各种陋习。引导广大妇女自觉接受社会公德、文明生活方式和健康生活常识教育，自觉革除各种危害健康、污染环境的不文明行为和生活陋习，规范日常行为，培养健康生活方式和良好公共卫生习惯，以良好的社会公德、家庭美德和个人品德影响他人，教育他人。

资料来源：谭迪，周亚坤．发挥乡村振兴中的“半边天”作用［EB/OL］．恩施新闻网，http：//www. enshi. cn/2019/0516/720873. shtml.

问题三　如何做好乡村振兴

把短板变成“潜力板”

“习总书记的重要讲话，让我们进一步体会到，产业兴旺是乡村振兴的基础，发挥粤东西北的长处和优势，还可以促进一二三产业均衡发展。”连南县供销合作社联合社负责人房国林说，连南一直有稻田养鱼的传统，稻田鱼绿色环保，美味鲜甜。依托这一独特的农耕方式，连南创新思路写好“鱼”文章，每年举办“稻田鱼文化节”，吸引广东全省游客关注。目前连南全县推广发展稻田养鱼面积近万亩，辐射带动近2万农户致富增收。

“习总书记勉励我们要充分发挥粤东西北地区生态优势。这些年来，我们立足农业大市的资源优势，在茂名高州市成立石榴专业合作社，带领贫困户种植番石榴，打造绿色产业与乡村观光旅游业，仅在闲置土地上种植水果一项，就为每户一年增收1万多元。”全国人大代表温锦玲介绍，2018年石榴专业合作社与云潭镇扶贫村丰文垌村和博马坡村建立合作关系，建立了两个番石榴种植基地，面积约200亩，继续加大对贫困村的产业帮扶力度。

习近平总书记提出，要坚持辩证思维，转变观念，努力把短板变成“潜力板”。对此，梅州市五华县河东镇林石村党支部书记丁新煌对农村产业的发展越来越有信心。近年来，该村选定广州风行发展集团有限公司生产青贮饲料种植项目，与风行集团下属广州华美牛奶有限公司达成合作意向，由华美公司统一收购玉米青贮饲料。2018 年 4 月，林石村已实现营业收入约 15 万元，一年多的时间，种植面积从 10 多亩扩大到 130 亩，其中有近百亩地原先是荒地。全村先后有 100 多户村民加入经济联合社。

资料来源：加快推动乡村振兴　促进城乡融合发展［EB/OL］. 南方网，http://economy.southcn.com/e/2018－10/27/content_183828063.htm.

党的十九大报告首次提出实施乡村振兴战略，并明确了“产业兴旺、生态宜居、乡风文明、治理有效、生活富裕”的总要求。习近平总书记指出乡村振兴要推动乡村产业、人才、文化、生态、组织“五个振兴”，第一个振兴就是乡村产业振兴。生产力是基础。要大力推动乡村产业振兴，使整个乡村振兴有更好的物质基础。产业强，乡村振兴则底气足。

乡村要发展，离不开经济基础的支撑。现在的农业是“大农业”概念，农村产业不光是农业。要进一步调整和优化农业结构，推动农村一二三产业的融合发展，让农业成为“最有干头、最有说头、最有看头，甚至是最有玩头的产业”。地方政府要从根源上进行产业导入。招商引资，资本进村，探索企业与乡村结对共建，更有利于助推从“环境美”实现“发展美”，从“一时美”到“长久美”的转变。

要推动质量兴农、绿色发展，拓展农业的功能，把农业和农村的社会、文化、农耕文明联系起来，还要把城乡联系起来。在乡村振兴的大格局下，通过产业振兴，使农业实现快速发展和转型升级。因地制宜发展村级产业。人文历史资源丰富的地方可以发展旅游业，土地资源丰富的地方可以发展种植业……当然，所谓的产业发展不可能凭借想法就迅速实行，需要地方政府能够从中谋划，调查可行性，并给予乡村相关政策、资金、人才和技术扶持，让乡村发展能够有足够的外力支撑。借助外力发展的同时，村民的内生发展动力同样不可忽视，村级组织更要发挥好战斗堡垒作用，积极引导、带动村民为乡村经济发展出谋划策。

文创植入升级乡村美好体验。乡村振兴战略的实施关键之一是要“振兴乡村文化”，在这个过程中，乡村文创打造、乡村文创产品、乡村文创民宿等都有着很好的导入机会。乡村是有温度的，在建设的过程中需要更多板块的融入，文创就像乡村的灵魂，如果能在乡村建设中把文创重视起来，未来的村子一定是美好的。

乡村振兴的蓝图已经绘就，农村的发展又迎来了新的机遇。在这千载难逢的有利时机，所有农民群众都应当以此为契机，在产业发展上做些“文章”，下活农村发展这盘棋，在实现个人发展愿望的同时，为乡村振兴贡献一分力量。

一、补齐农业短板，提升发展质量

从党的十九大报告，到2018年《意见》，再到《政府工作报告》，均明确提出要大力实施乡村振兴战略。2018年《意见》明确提出，到2050年乡村全面振兴，农业强、农村美、农民富全面实现。党中央提出实施乡村振兴战略，是党中央立足于新时代，考虑到农村改革发展迫切需要的一个重大战略部署。当前，我国发展不平衡不充分问题在农村表现得最为突出。从供给方面看，农民的现代化生产水平，还赶不上社会经济发展的要求。从社会发育水平看，还不能很好地满足农民对美好生活的需求。特别是农村的基础设施、农村生产力水平、农业竞争力水平等方面，还需要大幅度提升。

长期以来，城乡要素流动是由农村向城市单向流动。通过工、农产品价格的“剪刀差”，我国建立了现代工业体系，农业的基础性作用得到了充分发挥，对国民经济发展作出了重要贡献。但是，长期存在的城乡二元结构政策，使得农村发展不平衡不充分的问题越来越突出。所以，实施乡村振兴战略，最关键在于建立城乡平等、要素双向流动的体制机制。乡村振兴战略提出后，广大农民欢欣鼓舞。2018 年是改革开放 40 周年。40 年来，中国农村发生了翻天覆地的变化。农业上，农产品供应大幅度增长，粮食、肉、蛋、奶、水果、蔬菜等供应让“舌尖上的中国”有了保障；基础设施方面，水、气、电、路等都有很大的改善；此外，农村的社会事业、教育、卫生、社保都有了明显的提高。

从农村自身纵向比较，农村的发展成绩巨大，但是农村和城市横向比较，差距依然很大，“三农”还存在着不少薄弱的地方。在农民收入方面，2017 年，农村居民人均可支配收入 13432 元，比改革之初的 1978 年增长了 100 倍，但是城乡居民人均可支配收入差距超过了 20000 元，并且城乡财富的差距在进一步扩大①；在农业方面，农业的竞争力弱，农业成本较高，农产品价格高过国际市场，产生了价格“倒挂”；在农村的可持续发展方面，伴随着城镇化的推进，农村空心化问题比较严重，文化发展相对滞后。

（一）改革创新，激活发展动能

随着我国农业发展进入新阶段，数量已不是主要问题，重点要解决质量效益问题。2018 年《意见》专门提出了提升农业发展质量，培育乡村发展新动能。从推进农村供给侧结构性改革来看，培育农村发展新动能，应从以下几个方面同步考虑：

1. 物质供给。在新产品的开发、新技术的应用、新产业的培育中，有很多问题是农民自己解决不了的，需要管理部门、科技

① 如何做好乡村振兴的大文章？［EB/OL］．经济日报电子版，http：//paper.ce.cn/jjrb/html/2018－03/21/content_358398.htm.

部门、社会等多方面的帮助。

2. 政策导向。在乡村振兴的大背景下，有很多原有的政策需要完善，需要主管部门、各级政府结合农村发展的新情况、新形势做好顶层设计，加快推进农业政策由增产导向转向提质导向。

3. 制度性供给。提高农产品的供给质量、标准化建设，这是制度供给的一个重要层面。推进新兴农业经营主体的发展，在个体经营前提下推进联合，推动规模经济的发展，也需要在制度上做一些设计。除此以外，在社会服务、科技服务、信息化服务、金融服务等方面，都需要去探索、设计，加强制度性供给。

2018 年《政府工作报告》提出，大力实施乡村振兴战略，依靠改革创新壮大乡村发展新动能。实施乡村振兴战略，关键在于转变农村经济发展方式，质量兴农。转变农村经济发展方式，就是要从主要依靠资源扩张转变为依靠科技创新驱动。随着国际市场竞争越来越激烈，在实施乡村振兴战略中，要通过科技创新、科技进步、科技水平提升来提高我国农业竞争力，减少国际市场、进口农产品的冲击。

质量兴农，就是要依靠科技支撑和引领，使农业从过去主要靠产量扩大，转到满足人民群众对美好生活的需求这个目标导向上去。从过去只注重追求规模、追求数量、追求产量，到追求按照消费者和市场需求，生产更优质、更安全、更营养健康的农产品。真正做到老百姓需求什么，我们就研究什么、生产什么。

乡村振兴动能如何培育，动力机制如何解决？归根到底，还是要靠改革、靠创新。创新是引领发展的根本动力。乡村振兴需要一系列的制度创新，其中最重要的是要推动城乡融合发展、要素下乡，城市主体和乡村主体交流互动，要消除一切限制、影响要素下乡的障碍。

2018 年《政府工作报告》提出，改进耕地占补平衡管理办法，建立新增耕地指标、城乡建设用地增减挂钩节余指标跨省域调剂机制，所得收益全部用于脱贫攻坚和支持乡村振兴，这是个非常大的突破。从这些顶层设计中可以看出，改革创新激活了新动能，乡村振兴的动能将更加充足。

（二）绿色发展，建设美丽乡村

2018 年《意见》提出，推进乡村绿色发展，打造人与自然和谐共生发展新格局。良好生态环境是农村最大优势和宝贵财富，如何真正让农村的绿水青山为农民带来“金山银山”?

绿色发展包含数量和质量两个方面。（1）从绿色发展量的角度来看，我们要扩大绿色植被。这不仅包括森林，也包括有机农业，包括自然资源的多个门类。这些方面都需要进行保护、培育和发展，至少要扩大规模。（2）从绿色发展质的角度来看，农林产品的质量需要提升。怎样把农林产品塑造成绿色产品、有机产品、生态产品，这里边大有文章可做。

绿色发展是一个系统工程，要全方位进行调整，不仅仅要调整我们的思想观念、农业布局和结构、发展方式，还需要调整相应的考核体系。

绿色发展，首先，要制订好规划。目前，国家已经划定了粮食生产的功能区，这是产业振兴的基础性工作。此外，还有重要农产品生产保护区、全国优势农产品区域等布局规划。通过规划设计，确定了绿色发展功能区的雏形，这一点非常重要。其次，要加快转变发展方式。发展方式如果不调整，绿色发展就很难实现。最后，要按照绿色发展要求，构建农业的标准体系。用好标准体系这个“指挥棒”，通过调整，真正地实现绿色发展。

农业的绿色发展是一条主线。目前，我们面临资源承载受限、资源保护不足、环境污染等问题。这些问题不解决，将影响整个生态环境的可持续发展。乡村振兴，生态宜居是关键。过去，形容农村叫“绿树村边合，青山郭外斜”，现在一些农村生态环境遭到破坏。我们要加强自然资源综合管理利用，把山水林田湖草作为一个生命共同体，使生态效益最大化。同时，要转变理念，要依靠科技，要发展循环农业，包括控肥、控药、节水等。

此外，绿色发展还有很重要的一个内容，就是资源的利用方式问题。2018 年《政府工作报告》里提到，2018 年耕地轮作休耕试点面积增加到 3000 万亩。这个休耕和轮作就是资源利用方式的转变，通过种养结合，实现绿色发展。

（三）用好科技“金钥匙”

实施乡村振兴战略，面临发展生产、提高生活、改善生态等重要任务，迫切需要加快科技进步。当前，应如何破解农业科技推广的“最后一公里”问题？

创新农业供给侧结构性改革，要按照乡村振兴战略提出的要求，提供更多现代农业所需要的、符合国情的技术供给。对此，农业创新的科研部门，要通过组织科研的创新，进行协同重组，做到“三个面向”，即科研任务的确定、科研团队的组建、科研方向的定位，必须要面向农业生产的需求、面向农业主战场、面向国际科技前沿，以此来提高我国农业的竞争能力。

要打通农业科技成果转化“最后一公里”，要求科研部门紧密地贴近农业生产的实际需求，创造可复制、可推广、可落地的技术模式。在这个过程中，要把农业推广部门和新型农业经营主体吸纳进来，通过各种培训、示范，来服务新型农业经营主体、服务农民。这不仅有助于解决“最后一公里”的问题，同时也有助解决农村将来“谁来种地”“怎么种好地”的问题。

我国一直高度重视农业技术推广工作，建立了比较完善的农业技术推广体系。目前，农业技术推广力量是“一主多元”，即以政府主办的公益性推广机构为主，科研机构、高校、企业等多个主体为辅，在一定程度上存在科研和推广“两张皮”的问题。

在这种情况下，如何提高效率、整合资源？科研成果的转化推广应形成链条，即科学家提供价值，政府和第三方整合价值，企业和市场去放大价值，这样才能更有活力。科研单位的科研人员应该分流，比较适合做技术推广的工作人员，应该在管理考核上制定一些特殊政策。另外，在技术和服务推广应用方面，要鼓励企业发挥更大的作用。

技术推广，是科学技术研究的重要组成部分。解决科研和推广“两张皮”的问题，要求科学家在做创新成果的时候，应该把成果能否转化、如何转化、转化的经济可能性，包含在科学研究里面。此外，要加大改革力度，确保对技术推广到位、到点、到田、到户。要引进激励机制、市场机制，把一部分技术让渡给企业，跟生产经营主体结合起来。

二、加强基层工作，培养“三农”工作队伍

乡村振兴战略的实施原则：实施乡村振兴战略，要坚持党管农村工作，坚持农业农村优先发展，坚持农民主体地位，坚持乡村全面振兴，坚持城乡融合发展，坚持人与自然和谐共生，坚持因地制宜、循序渐进。巩固和完善农村基本经营制度，保持土地承包关系稳定并长久不变，第二轮土地承包到期后再延长三十年。确保国家粮食安全，把中国人的饭碗牢牢端在自己手中。加强农村基层基础工作，培养造就一支懂农业、爱农村、爱农民的“三农”工作队伍。

（一）乡村振兴需要解决的第一要素就是人的问题

中国农村的现状中最大的问题是农村收入低，无法满足人民的生产、生活需要，为了生计他们不得不选择到沿海或者城市去打拼，以满足家庭的日常开支。2000 年以来，大批青壮年农民大规模进城打工、做生意，中国农村“男耕女织”的传统生存方式在许多地方已不复存在。由此，平时农村便形成了一个以妇女、儿童和老人为主体的庞大留守群体“386199 部队”，只有过年时，村里才热闹起来。

（二）产业发展是乡村振兴和留住人的保障

如何留住乡村的人，吸引本地居民回流返乡创业。那就需要根据本地的自然资源、自然环境、气候、文化底蕴、资金及政策等因素，以政府引导、市场运作、以能人带动或者众筹等模式找准适合本村经济发展的特色产业。例如，有的村庄自然资源好、文化底蕴丰富等，可结合美丽乡村建设发展乡村旅游附带农业产业带动村民发展致富等；有些农村处在山高地远，既没有优越的自然环境，也没有什么历史、文化旅游资源可挖掘。但是那里没有工业污染，水好、地宽、植被丰富、空气好等，那就可以发展养殖业、水上娱乐业、康养等。通过产业发展，使村民的资源变资产、资金变股金、村民变股东。实现有能力、有资金的当老板，有劳动能力的可以在家门口就业，增加了劳动收入，年底还可以分到相应的股金，这样既可以挣到钱养家糊口，又可以照顾好小孩、老人等，使大家安居乐业、社会稳定和谐发展。

（三）村干部是产业振兴的保证

现在国家对农业农村的政策支持力度非常大，基础建设、产业资金扶持都非常多。如果一个村里缺少一位有想法、有能力、敢于担当的村干部，即使再好的自然资源，再好的支持政策，再多的资金扶持，乡村振兴也无法实现真正的振兴和延续下去，只能是短期的被动式伪振兴或者是数字振兴。只有敢作敢为、有想法、敢担当、有能力、实实在在为老百姓做事，带动全村人民不畏困难、努力做实事的村干部，才能带动村民脱贫致富奔小康，实现真正意义的乡村振兴。

通过产业发展，坚持以农民合作社为主要载体、让农民充分参与和受益，集循环农业、创意农业、农事体验于一体的田园综合体，通过农业综合开发、农村综合改革转移支付等渠道开展试点示范。让农民真正感受到农业带给他们的实惠，同时解决了大部分人的家门口就业问题，挣到了养家糊口的钱，甚至还高于他们到外地打工时的收入。这样才能留住人才在农村安安心心发展农业产业，让他们能感受到农业是有奔头的产业，农民是有吸引力的职业，农村是安居乐业的美丽家园。

乡村振兴真的是一个很大的命题，需要无数有志乡村振兴的人来共同努力。户户有炊烟、人人笑开颜的美丽乡村写照，应该不只是停留在梦里，如果更多的人能关注到这个问题，并投身到这个伟大的事业中，或许在不久的将来，中国的“三农梦”将很快实现！

【小资料】

如何打造一支强大的乡村振兴人才队伍?

要推动乡村人才振兴，把人力资本开发放在首要位置，强化乡村振兴人才支撑，加快培育新型农业经营主体，让愿意留在乡村、建设家乡的人留得安心，让愿意上山下乡、回报乡村的人更有信心，激励各类人才在农村广阔天地大施所能、大展才华、大显身手，打造一支强大的乡村振兴人才队伍，在乡村形成人才、土地、资金、产业汇聚的良性循环。

在喀什地区疏勒县英阿瓦提乡喀拉亚村，春耕备耕时节，为了帮助村民增收，“访惠聚”驻村工作队正积极组织村民参加新型农民夜校，邀请新疆农科院专家讲解甜瓜种植技术。

自治区人民政府办公厅驻喀什地区疏勒县英阿瓦提乡喀拉亚村“访惠聚”工作队长凯撒尔·买买提说：“通过开展新型农民夜校，让村民既学到了党的十九大精神，了解了‘两会’，又学会了管理技术，这就是加快培育新型农业经营主体。”

而在以种植红枣为主的阿瓦提村，自治区科协驻和田地区民丰县安迪尔乡“访惠聚”工作队结合村里实际情况，发挥科技工作者的优势，依靠科技的力量提高农产品的产量和品质。进一步加大对农民的培训力度，转变思想观念，使他们掌握现代化的农业技能，积极发展种植大户，发挥农村能人的引领作用，带领农民致富。

“下一步，我们将加大对‘80后’‘90后’年轻人的培养和帮扶，让他们成为村干部的后备力量，培育农村能人，吸收他们加入党组织，打造一支强大的乡村振兴人才队伍。”自治区科协驻和田地区民丰县安迪尔乡“访惠聚”工作队总领队兼阿瓦提村工作队队长、村党总支第一书记谢国政表示，总书记的讲话体现了对农民的关心，说到了大家的心坎里，他将牢记社会稳定和长治久安的总目标，深刻认识实施乡村振兴战略的重要性和必要性，扎扎实实把乡村振兴战略实施好。

新疆大学驻喀什地区叶城县吐古其乡库木巴村“访惠聚”工作队队长，村党支部第一书记居来提·司马义说，库木巴村将把项目扶贫、结对扶贫等工作与乡村产业振兴、人才振兴、文化振兴相结合，在“准”上做文章，在“精”上下功夫。

“我们依托新疆大学学历提升计划，鼓励村干部、后备干部及村民积极报考，同时紧靠‘民族团结一家亲’活动，发挥高校教师学历层次高、专业技术强的优势，从思想上、技术上提升村民脱贫致富潜力。教会村民念好致富经，走好小康路。”

资料来源：牢记总书记嘱托 扎实推进乡村振兴［EB/OL］. 搜狐网，https：//www. sohu. com/a/225375340_118570.

三、深化农村改革，推动乡村产业振兴

党的十八大以来，“三农”发展取得的成效有目共睹：一是粮食生产能力登上了新台阶；二是农业供给体系的质量得到了新提升；三是农业现代化迈出了新步伐；四是农业的绿色发展有了新进展；五是农村改革有了新突破；六是农民收入得到了新提升。

“两丰、一欠、一平”，是不少搞农业的人熟悉的粮食生产“常理”，然而自 2013 年开始，我国的粮食产量登上了 12000 亿斤的台阶，连续五年稳定在这个水平。我国的人均粮食占有量超过世界平均水平，我们的饭碗牢牢地端在自己手中。农业的田间机械化作业水平已超过 68%，农业的科技贡献率已超过 56%，农产品的加工比例达到 2. 2∶1，良种基本达到全覆盖，旱涝保收的农田已超过一半。①

小康不小康，关键看老乡。2017 年农民人均收入突破 13000 元，城乡收入比由 2012 年的 3. 1∶1 降到了 2017 年的 2. 7∶1。五年间农民的收入增幅约为 50%，广大农民有了更多的获得感。②

①② 新华网，http：//www. xinhuanet. com/politics/2018 – 03/16/c_129830836. htm.

（一）推动乡村产业振兴，使乡村振兴有更好的物质基础

党的十九大报告首次提出实施乡村振兴战略，并明确了“产业兴旺、生态宜居、乡风文明、治理有效、生活富裕”的总要求。这是“五位一体”总体布局在农村的体现，要全面推进。

习近平总书记在参加十三届全国人大一次会议山东代表团审议时，对乡村振兴讲了推动乡村产业、人才、文化、生态、组织“五个振兴”，第一个振兴就是乡村产业振兴。生产力是基础。要大力推动乡村产业振兴，使整个乡村振兴有更好的物质基础，就是要发展现代农业，提升农业的质量、效益、竞争力。

产业振兴是乡村振兴的物质基础，只有让产业振兴，才能增强乡村吸引力，促进各类生产要素向乡村聚集。推进乡村振兴，要打牢夯实产业振兴这个基础。要推动质量兴农、绿色发展，拓展农业的功能，把农业和农村的社会、文化、农耕文明联系起来，还要把城乡联系起来。在乡村振兴的大格局下，通过产业振兴，使农业实现快速发展和转型升级。

（二）深化农村改革，最重要的还是土地制度改革

我国的改革是从农村起步的。40 年前，发端于小岗村的“大包干”成为改革开放的一声春雷。40 年后的今天，包括广大农村在内的中国在改革的推动下发生了巨变。下一步，“三农”问题的解决、“三农”的发展、乡村振兴还得靠改革。

深化农村改革要全面推进，最重要的还是土地制度改革。党的十九大报告提出，保持土地承包关系稳定并长久不变，第二轮土地承包到期后再延长 30 年，给农民吃下了“定心丸”。

在土地改革方面，一方面要稳定土地承包关系，另一方面要继续实施“三权”分置制度，引导土地有序流转，培育新型经营

主体，发展适度规模经营。同时要积极扶持小农户，让他们搞好生产，加入现代农业产业链。

要以土地改革为主线，推动农业各方面的改革。围绕土地改革建立一系列制度，包括现在在县乡建设的土地流转的中介、合同、服务制度和土地纠纷仲裁制度，正在全国进行的农民承包地确权和登记工作，“三权”分置以后还将开展土地经营权抵押贷款试点等。

（三）积极实施耕地轮作休耕制度

2018 年《政府工作报告》提出，耕地轮作休耕试点面积增加到 3000 万亩。开展耕地轮作休耕试点，本质上是贯彻中央提出的新发展理念，推动农业绿色发展，是农业生产经营制度的创新。过去是 8 亿人吃不饱，现在是 14 亿人吃不完，这给轮作休耕创造了条件。在农业长足发展、粮食供给有了基本保证的基础上，也有必要让负重过多的耕地轮着歇一歇，让负重过大的环境喘口气。

“十三五”规划纲要提出，探索实行耕地轮作休耕制度试点。2016 年全国 616 万亩耕地实行轮作休耕，2017 年轮作休耕面积为 1200 万亩，2018 年试点面积增加到 3000 万亩。[①]

一方面要落实好 3000 万亩的轮作休耕任务，真正落实到村、落实到户、落实到田头。另一方面是要进一步探索这个制度。比如，在什么条件下开展轮作休耕，在什么样的地区开展轮作，在什么样的地区开展休耕，对实施轮作休耕的农民怎么补贴等，都要进行制度探索。

（四）1%的问题 100%去解决，农产品质量问题“零容忍”

民以食为天，食以安为先。随着我国社会主要矛盾的转化，

---

① 中国政府网，http：//www. gov. cn/xinwen/2018 – 02/23/content_5268259. htm.

农业供给也从过去的“够不够”转化到了现在的“好不好”。当前人们对餐桌有了更多的新需求。

当前，我国农产品质量水平特别是优质农产品的比重，还不能适应消费水平升级的要求，还不能满足人民群众的愿望，1%的问题要用100%的努力去解决，在农产品质量安全问题上要坚持“零容忍”。

【小资料】

深化农村改革，推进乡村振兴

实施乡村振兴战略，是党的十九大作出的重大决策部署，是新时代做好“三农”工作的总抓手。全国各地结合当地实际情况，积极谋划乡村振兴的当地方案，探索乡村振兴的本地道路。实施乡村振兴战略过程中，要统筹重大任务，协调推进规划实施，把全面建成小康社会、全面消除贫困和实施乡村振兴战略充分结合起来，推动农村各项事业的全面发展。

第一，要坚持乡村振兴是全面振兴。乡村振兴战略是我国国家现代化战略的重要组成部分，要按照“五位一体”总体布局的要求，推进乡村全面振兴。乡村振兴五个方面的总要求是“五位一体”总体布局在“三农”领域的具体体现。要坚持乡村全面振兴，抓重点、补短板、强弱项，实现乡村产业振兴、人才振兴、文化振兴、生态振兴、组织振兴，推动农业全面升级、农村全面进步、农民全面发展。实现全面振兴，就要统筹推进各项措施和政策，使之覆盖“五个振兴”。

第二，要坚持农民是乡村振兴的主体。乡村振兴是国家现代化的客观要求，需要全社会的参与和支持，但只有农民才是乡村振兴的主体。在《规划》实施过程中，要围绕农民群众最关心最直接最现实的利益问题，加快补齐农村发展和民生短板。要让农民参与项目规划，制定政策措施应充分听取农民的意见。要尊重广大农民意愿，激发广大农民积极性、主动性、创造性，激活乡村振兴内生动力，让广大农民在乡村振兴中有更多获得感、幸福感、安全感。

第三，要充分认识到当前的重要任务是开好局、起好步、打好基础。乡村振兴不是短时间内就可以实现的，需要若干年坚持不懈地推进，每个阶段的任务各有侧重。到2020年，乡村振兴的制度框架和政策体系基本形成，乡村振兴的思路举措得以确立，全面建成小康社会的目标如期实现。到2022年，乡村振兴的制度框架和政策体系初步健全。制度框架和政策体系是乡村振兴各项工作顺利实施的保障机制，形成健全的制度框架和政策体系又是乡村振兴的重要组成部分。一个繁荣发达的乡村，必然要有一套使之相适应的成熟、完善的制度框架和政策体系，否则，就无法保障农村的持续繁荣和发展。

资料来源：高剑．深化农村改革　推进乡村振兴［EB/OL］．共产党员网，http：//tougao. 12371. cn/gaojian. php？ tid = 2109135&yulan = yes.

四、正确处理好乡村振兴的几个关系

实施乡村振兴战略是党的十九大作出的重大决策部署，是新时代做好“三农”工作的总抓手。实施乡村振兴战略，要走中国特色社会主义乡村振兴道路，聚焦产业兴旺、生态宜居、乡风文明、治理有效、生活富裕，全面推进乡村产业振兴、人才振兴、文化振兴、生态振兴、组织振兴，着力处理好六个重大关系。

（一）处理好粮食生产和结构调整的关系

乡村振兴，产业兴旺是重点。只有产业振兴了，才能筑牢乡村振兴的物质基础。粮食生产和农村产业结构调整优化，都是乡村产业振兴的重要内容。稳定粮食生产和推进结构调整二者不可偏废，不能因调整农业结构、推进农村一二三产业融合发展而忽视甚至削弱粮食生产。

粮食生产是农村最基础、最重要、最广泛的产业，关系国计民生和社会稳定。对于我们这样一个有十几亿人口的国家来说，解决好吃饭问题，始终是治国安邦的头等大事。粮食安全是国家安全的重要基础。失去粮食安全，国家安全将无从谈起。保障国家粮食安全，是一个永恒课题，任何时候这根弦都不能松。十几亿人口吃饭所依赖的粮食，靠国际市场是靠不住的，必须把供给的着力点放在国内生产上。要坚持把粮食生产放在推动乡村产业振兴的突出位置，不断增加粮食生产投入，改善粮食生产条件，巩固粮食生产能力，提升粮食生产水平，注意防止乡村产业振兴中出现忽视甚至削弱粮食生产的偏向。

要在稳定粮食生产的基础上，围绕市场消费需求变化，积极调整优化农业结构，深化农业供给侧结构性改革，深入推进农业绿色化、优质化、特色化、品牌化，增加高附加值、高品质农产品生产，大力发展现代畜牧业、园艺业、水产业。大力发展农产品加工业和流通业，大力发展农业社会化服务业，积极发展休闲农业和乡村旅游，推进农村一二三产业融合发展，加快构建现代农业产业体系、生产体系、经营体系。积极推进特色农产品优势区创建，建设现代农业产业园、农业科技园。实施产业兴村强县行动，推行标准化生产，培育农产品品牌，保护地理标志农产品，打造一村一品、一县一业发展新格局。推进农业由增产导向转向提质、增效导向，满足人民群众不断提高的对农产品的需要。

（二）处理好农民主体和政府主导的关系

乡村振兴，农民群众是主体。农民群众既是乡村振兴的受益主体，也是乡村振兴的建设主体。只有把农民群众的积极性调动起来了，才能为乡村振兴提供强大力量、注入强大活力。推动乡村振兴，要把政府主导和农民主体有机统一起来，把两个方面的作用都充分发挥好，注意防止政府缺位和政府代替农民偏向。

政府主导，就是要做好乡村振兴总体规划，提出乡村振兴任务，明确乡村振兴目标和要求，制定具体政策措施，发动和组织各方面开展工作，引导乡村振兴沿着正确方向发展。按照2018年《意见》的要求，各级党委和政府要加强对乡村振兴工作的领导，把实施乡村振兴战略摆在优先位置，建立实施乡村振兴战略领导责任制；五级书记抓乡村振兴，党政一把手是第一责任人，县委书记要当好乡村振兴“一线总指挥”；要研究建立市县党政领导班子和领导干部推进乡村振兴战略的实绩考核制度，将考核结果作为选拔任用领导干部的重要依据；各部门要按照职责，加强工作指导，强化资源要素支持和制度供给，做好协同配合，形成乡村振兴工作合力。

农民主体，就是要充分尊重农民意愿，调动农民积极性、主动性、创造性，充分发挥农民作用，让农民群众广泛参与到乡村振兴中来。乡村振兴要坚持以农民为本，把维护农民群众根本利益、促进农民共同富裕作为乡村振兴工作的出发点和落脚点，把农民对美好生活的向往转化为推动乡村振兴的原动力，充分尊重农民选择，多采用引导、示范、扶持的方法凝聚农民群众力量，切忌简单代替农民选择，防止乡村振兴重物不重人、见物不见人偏向。

（三）处理好产业发展和生态保护的关系

乡村振兴，生态宜居是关键。良好生态环境是农村最大的优势和宝贵财富，也是农村产业发展和农民生活提高的重要基础。

乡村振兴在产业发展上要科学规划，突出绿色发展，走人与自然和谐之路，不能搞大干快上，不能因发展产业而使农村生态环境遭到破坏。历史上曾经出现过的毁林开荒、毁草开荒、围湖种田、砍树炼钢，以及推山建厂、填湖建房、耕地种树和挖鱼塘等，都是因盲目发展产业而破坏生态的行为。其中的深刻教训，要认真汲取。

要统筹产业发展和生态保护。乡村产业振兴要建立在生态良性循环基础上，以不伤害生态环境为基线。要把山水林田湖草作为一个生命共同体，进行统一保护、统一修复，开展河湖水系连通和农村河塘清淤整治，加强农村水环境治理和农村饮用水水源保护，实施农村生态清洁小流域建设。加强农业面源污染防治，开展农业绿色发展行动，实现投入品减量化、生产清洁化、废弃物资源化、产业模式生态化。推进有机肥替代化肥、畜禽粪污处理、农作物秸秆综合利用、废弃农膜回收、病虫害绿色防控。加强农村环境监管能力建设，落实县乡两级农村环境保护主体责任，严禁工业和城镇污染向农业农村转移。乡村振兴在建设上要注意乡土味道，体现乡村特点，保留乡村风貌，留住乡村原生态，不能照搬照抄城镇建设那一套，绝不要把乡情美景都弄没了，而是要让它们同现代生活融为一体，要慎砍树、禁挖山、不填湖、少拆房，保护好文物古迹、传统村落、民族村寨、传统建筑、农业遗迹、灌溉工程遗产，让良好生态环境成为乡村振兴的重要支撑点和展现点。

（四）处理好规模经营和小微农业的关系

乡村振兴，经营主体是载体。规模经营主体和小微农业经营主体，都是乡村振兴的重要载体，都是推动乡村振兴的重要力量。乡村振兴在扶持政策上要覆盖各类经营主体，防止向规模经营主体过度倾斜和忽视小农户偏向。

规模经营是实现农业现代化的有效途径，是增加农民收入、提高农业竞争力的有效途径，是推动乡村振兴的有效方式。像家庭农场这样的新型经营主体，还有专业大户、农民合作社、产业化龙头企业、农业社会化服务组织等，是建设现代农业的新生力量，要鼓励发展、大力扶持，发挥其在现代农业建设中的引领作用。但推进农业规模经营不能操之过急，不能脱离我国人多地少的基本国情，要顺势而为，不要揠苗助长。要把握好土地经营权流转、集中、规模经营的度，土地经营权流转要与城镇化进程和农村劳动力转移规模相适应、与农业科技进步和生产手段改进程度相适应、与农业社会化服务水平提高相适应，不能片面追求快和大，不能单纯为了追求土地经营规模强制农民流转土地，更不能人为垒大户。

乡村振兴不能忽视了普通农户。要看到的是，经营自家承包耕地的普通农户毕竟仍占较大部分，这个情况在今后一个时期内难以根本改变。还要看到，有不少地方的农户，因自然条件限制，生产活动即便只能解决自身温饱问题，那也是对国家作出的贡献。所以，要统筹兼顾培育新型经营主体和扶持小农户，不能嫌弃小农户，采取有针对性的措施，帮助小农户发展生产和增加收入，着力扶持小农户发展生态农业、设施农业、体验农业、定制农业，发展多样化的联合与合作，提升小农户组织化程度；注重发挥新型农业经营主体带动作用，开展农超对接、农社对接，帮助小农户对接市场；改善小农户生产设施条件，提升小农户抗风险能力，把小农生产引入现代农业发展轨道，促进小农户和现代农业发展有机衔接，让乡村振兴政策的阳光和雨露惠及广大小农户。

（五）处理好农民自力和资源回乡的关系

乡村振兴，资源回乡是条件。要把依靠农村内部力量和外部支持有机结合起来，引导资源回乡，增加外部资源注入，为乡村振兴创造有利条件。乡村振兴要靠广大农民奋斗，依靠农村内部力量推动，这是推动乡村振兴的重要基础和条件。没有内在积极性和主动性，仅靠外部支持和帮扶，乡村振兴是实现不了的。要让广大农民明确，乡村振兴等不来、也送不来，要靠自己奋斗。要着力避免和纠正一些农民的“等、靠、要”思想，注重激发群众的积极性和主动性，防止出现“干部干，群众看”“干部着急，群众不急”的现象。要注重培育农民发展生产和务工经商的基本技能，注重激发农民发展经济的内在活力，注重提高农民自我发展能力。在实践中，政府部门要改进工作方式方法，改变乡村振兴就是对农民简单给钱、给物、给牛羊的做法，多采用生产奖补、劳务补助、以工代赈等机制，不大包大揽，不包办代替，不喧宾夺主，教育和引导广大农民用自己的辛勤劳动实现乡村振兴。

乡村振兴离不开外部支持。要健全投入保障机制，加快形成财政优先保障、金融重点倾斜、社会积极参与的多元投入格局。要建立健全实施乡村振兴战略财政投入保障制度，公共财政更大力度向“三农”倾斜，确保财政投入与乡村振兴目标任务相适应。充分发挥财政资金的引导作用，撬动金融和社会资本更多投向乡村振兴。通过财政担保费率补助和以奖代补等，加大对新型农业经营主体支持力度。强化担保融资增信功能，引导更多金融资源支持乡村振兴。探索地方政府发行一般债券用于支持乡村振兴、脱贫攻坚领域的公益性项目。要积极拓宽资金筹集渠道，调整完善土地出让收入使用范围，进一步提高农业农村投入比例。建立高标准农田建设等新增耕地指标和城乡建设用地增减挂钩节余指标跨省域调剂机制，所得收益通过支出预算全部用于巩固脱贫攻坚成果和支持实施乡村振兴战略。推广一事一议、以奖代补等方式，鼓励农民对直接受益的乡村基础设施建设投工投劳，让农民更多参与建设管护。要加大金融支持乡村振兴力度，提高金融服务乡村振兴水平。把更多金融资源配置到农村经济社会发展的重点领域和薄弱环节，更好满足乡村振兴多样化金融需求。要鼓励引导支持工商资本参与乡村振兴，落实和完善融资贷款、配套设施建设补助、税费减免、用地等扶持政策，让更多工商企业和工商资本为乡村振兴贡献力量。要鼓励社会各界投身乡村建设，建立有效激励机制，吸引支持企业家、党政干部、专家学者、医生教师、规划师、建筑师、律师、技能人才等，通过下乡担任志愿者、投资兴业、包村包项目、行医办学、捐资捐物、法律服务等方式服务乡村振兴事业。高等学校、职业院校综合利用教育培训资源，灵活设置专业（方向），创新人才培养模式，为乡村振兴培养专业化人才。探索高等院校、科研院所等事业单位专业技术人员到乡村和企业挂职、兼职和离岗创新创业制度，吸引更多人才投身乡村振兴，形成乡村振兴的强大社会合力。

（六）处理好统一推进和因地制宜的关系

乡村振兴，因地制宜是大原则。“百里不同风，十里不同俗。”农村情况千差万别，全国如此，一省也如此。要科学把握各地差异和特点，在统一规划、统一推进的总体部署下，充分发挥各地积极性和创造性，因地制宜，精准施策，分类推进，不搞“一刀切”，不搞统一模式，注重地域特色，尊重文化禀赋，体现乡土风情，以多样化为美，打造各具特色的乡村振兴实践模式。

统一推进乡村振兴必须强化规划引领。要科学编制包括总体规划和专项规划在内的乡村振兴规划，细化实化工作重点和政策措施，部署若干重大工程、重大计划、重大行动。加强各类规划的统筹管理和系统衔接，形成城乡融合、区域一体、多规合一的规划体系。要根据发展现状和需要分类有序推进乡村振兴，对具备条件的村庄，要加快推进城镇基础设施和公共服务向农村延伸；对自然历史文化资源丰富的村庄，要统筹兼顾保护与发展；对生存条件恶劣、生态环境脆弱的村庄，要加大力度实施生态移民搬迁。

推动乡村振兴要实事求是，既尽力而为，又量力而行。不下指标，不人为提档加速、追求短期速效，避免“高大上”，避免负债搞建设，坚决杜绝形象工程。乡村振兴是一项长期性工作，要循序渐进，不可急躁冒进。要按照乡村振兴时间表有序推进，不层层加码，时间服从质量，稳扎稳打，久久为功。

问题四　如何振兴乡村产业

构建现代乡村产业体系，推动农村产业融合

兴化市千垛镇东罗村地处4000亩天然湿地平旺湖北岸，紧邻千垛菜花景区，是江苏省特色田园乡村建设首批试点村，正在探索“政府+社会资本+村集体”的专业化生产经营模式。乡村振兴关键是要带动农民致富，产业发展是农民增收、农村繁荣的基础。江苏省农业资源基础丰厚，要围绕构建现代乡村产业体系，推动农村一二三产业融合，在筑牢农业生产基础上，打造更多农产品地理标志，促进农产品加工流通、乡村休闲旅游、乡村新型服务业全面发展。村庄改造提升要充分考虑乡村肌理，保持错落有致的乡村形态，彰显当地历史文化，让江苏的美丽乡村望得见山水、留得住乡愁、体会到韵味。伽力森主食企业有限公司位于兴化食品工业园区，依托优质食品原料资源，通过农副产品深加工，打造“新餐饮”供应链服务基地。随着物质生活水平的提高，人们对食品的需求更加多样、品质要求更高，农副产品深加工产业前景广阔。企业立足当地资源禀赋，围绕市场消费需求，加强食品研究开发，严把质量标准，在自身发展壮大的同时带动农民增收。

资料来源：王玥．以乡村产业振兴带动农民致富［N］．新华日报，2019－08－15.

农业强不强、农村美不美、农民富不富，决定着全面小康社会的成色和社会主义现代化的质量。实施乡村振兴战略，要推动乡村产业振兴，推动乡村人才振兴，推动乡村文化振兴，推动乡村生态振兴，推动乡村组织振兴，统筹兼顾，科学推进。

中国农业的生产方式、组织方式、管理方式正在发生质的嬗变。加快构建现代农业产业体系、生产体系、经营体系，推进农业由增产导向转向提质导向，开展土地整理，农业适度规模经营具备经济基础和政策基础。通过土地承包到期后继续延长三十年的政策，促进规模化生产效率。

产业是美丽乡村整治的基础，乡村环境问题的根源是产业落后，乡村环境整治的出路是产业转型。开展乡村环境整治，淘汰落后产业，以产业转型带动村民生产方式转变、乡村新型业态发展。结合村庄功能结构布局的调整，完善乡村产业结构，有重点、有针对性地发展“一村一品”的特色产业，将生产和经营的产业资源转化为乡村景观要素，促进乡村经济社会生态可持续发展。坚持绿色发展、集约发展和高效发展的理念，发展现代农业，推动农业发展方式的转型升级，构建“一产带动三产”的产业发展新格局，进而带动乡村公共服务设施和市政基础设施的完善。

一、产业振兴的重要性

2018 年 6 月 6 日，中共中央政治局召开会议，审议了《乡村振兴战略规划（2018—2022 年）》，指出要统筹推进农村经济建设、政治建设、文化建设、社会建设、生态文明建设和党的建设。乡村振兴，既要塑形，也要铸魂。

习近平总书记强调，农业要强，产业必强，做好乡村产业振兴这篇文章要紧紧围绕发展现代农业，围绕农村一二三产业融合发展，构建乡村产业体系，实现产业兴旺，把产业发展落到促进农民增收上来，全力以赴消除农村贫困，推动乡村生活富裕。这是农村脱贫致富、乡村振兴的治本之策。

一方面抓优势产业规模化，充分发挥自然资源优势，突出特色，坚持质量兴农、绿色兴农，全面整合果蔬种植基地资源，积极打造田园综合体。同时，强化项目引进，牢固树立招大引强的理念，进一步加大招商引资力度，积极开展项目策划包装，对标国内龙头企业，主动开展上门招商，引进一批有实力、有情怀的大公司和大企业。继续扶持现有土地股份合作社，引入土地流转风险保障机制和托管经营方式，整合零散资源，将原来隔离的分段式农业生产逐步发展为全产业链的集约化生产，实现规模化种植。另一方面抓品牌农业建设，树立建设建强“农业品牌”工程的理念，强化项目服务配套，积极引导，把特色农业项目做成精品，发挥农业产业化龙头引领带动作用，提升农技服务水平，打造标准化、品牌化农业示范基地，使其成为具有品牌影响力的“地理标志产品”。以组建田园综合体股份合作社为载体，引导新型经营主体抱团发展，构建“品牌联盟”，引导业主错位发展，构建环形旅游走廊，打造以农事体验等为“动”和以精品民宿等为“静”的板块化组合，形成“一三互动、动静相宜、农商文旅融合”的现代化农业发展格局。

乡村产业振兴是乡村振兴的第一要务。要把深化农业供给侧结构性改革作为乡村振兴主线，加快构建现代农业产业体系、生产体系、经营体系，推进农业由增产导向转向提质导向，必将不断提高农业创新力、竞争力和全要素生产率，加快实现农业现代化转型升级。

美丽乡村项目，应该产业先行，切实解决村民收入问题。精准对接 + 专业服务，才是解决农村产业引入的必然之路。要赚钱，就得有产业，原有的单纯的大型作物的种植之路，在中国乡村振兴道路上基本就走不通，那么应该怎么做呢？应该根据各地的自然环境条件因地制宜，改变传统的单独种田观念，发展立体种养、农产品加工一条龙建设。走特色农产品的路子，才是乡村发展的必然之路。

比如有一个项目，所在地的交通区位一般，距离城市也稍远，想要开发旅游，这里的风景也并无特别突出的一点，地块地貌又不能进行大面积的机械化操作。貌似好像没有什么其他的突出点，但是这里的环境水质特别好，远离城市，基本无工业污染。在实际项目的调研过程中，在通过对这里的土样和水样的采集，综合分析这里的溪流、山地和稻田的特性后，发现还是得走特色农产品的路线。首先第一步引进的就是最近大热的小龙虾项目。在相关农业技术机构的指导帮助下，这里率先进行稻虾混合的新型农业模式。在对原有的土地进行整合整治之后，进行了快速试点，迅速取得了经济效益。同时，发现这个地方的小溪纵横，且泉水清冽，植被丰茂，又进行了人工娃娃鱼养殖产业的引入。两年时间过去，这个村子切实新增了超过百个就业岗位，人均月收入也超过了3000元，这几乎是引入产业之前的人均年收入了。这个时候，再来提乡村改造项目，村民才会比较配合。

【小资料】

推进农业由增产导向转向提质导向

产业振兴，核心要在农村产业规模上做文章，实现规模扩张的同时，提高农业创新力、竞争力、全要素生产率，提高农业质量、效益、整体素质。“逐水草而居”的五千年农耕文明，形成了星星点点的小村屯、村落，在同步小康和国家现代化的新征程中，解放和发展农业生产力，振兴乡村、实现城乡统筹均衡发展，成为中国发展的迫切任务。如何探索适合中国国情、村情的适度规模经营？

开展土地整理，农业适度规模经营具备经济和政策基础。从经济上看，过去千家万户“划田埂而种”，小块农田不具备使用大型联合收割机的条件，生产效率低，规模化程度不够，收入水平也不高。大量农民进城务工，造成土地经营分散、闲置，土地产出率难以得到较大程度的提高。从政策上看，党的十九大报告提出，第二轮土地承包到期后再延长三十年，农民既可以放心流转土地经营权，促进规模化生产提升效率，又能安心进城务工。

开展土地整理，撤除分户而种的田埂沟壑，农村耕地面积将得到扩大，同时规模化的农地适度集中，为推广应用现代大型农业机械创造了条件，农业生产力提高，生产效率提升。

中国农业的生产方式、组织方式、管理方式正在发生质的嬗变。适度规模经营，推进农业由增产导向转向提质导向，加快构建现代农业产业体系、生产体系、经营体系，将有力促进乡村产业振兴。

未来农业呈现的6种发展趋势将奠定乡村产业振兴的基础：粮食等重要农产品供给保障水平全面提升，多种形式适度规模经营的引领水平全面提升，农业技术装备水平全面提升，农业生产经营效益水平全面提升，农产品质量安全水平全面提升，农业可持续发展水平全面提升。

资料来源：高云才．加快构建现代农业产业体系、生产体系、经营体系，推进农业由增产导向转向提质导向［N］．人民日报，2018－03－25.

二、多措并举推进乡村产业振兴

习近平总书记指出，产业兴旺，是解决农村一切问题的前提。

国务院于2019年6月印发《关于促进乡村产业振兴的指导意见》，要求聚焦重点产业，聚集资源要素，强化创新引领，突出集群成链，培育发展新动能，加快构建现代农业产业体系、生产体系和经营体系。乡村产业振兴既是攻坚战又是持久战，应坚持问题导向、目标导向、发展导向，切实走出一条符合实际、科学有效的产业发展之路，为乡村振兴提供坚实支撑。

（一）培育新型农业经营主体

当前，我国不少从事种植业的农户仍然是小农户。面对大市场，小农户生产规模小、发展成本高、抗风险能力弱。促进乡村产业振兴，需要解决好小农户与大市场对接问题。

解决小农户与大市场对接问题，关键是要解决生产什么、如何生产、如何销售的问题，解决如何提高农业的集约化、专业化、组织化、社会化水平问题，从而有效带动小农户发展。解决这些问题，一个有效途径是培育新型农业经营主体，通过新型农业经营主体带动小农户对接大市场。新型农业经营主体主要有家庭农场、农民专业合作社、龙头企业等。与小农户相比，新型农业经营主体的优势主要有三个方面：一是市场灵敏度更高。能够充分利用“互联网+”的优势收集市场信息，快速反应，灵活组织生产，避免因盲目生产导致农产品价格下跌、销售困难等问题。二是市场竞争力更强。新型农业经营主体可以充分发挥规模化生产优势，进一步延伸产业链，提高产品附加值，也可以更好地借助电商等方式扩大销售、增加收益。三是化解市场风险的手段更多。新型农业经营主体可以利用多样化、专业化、组织化手段应对市场经营、财务管理等方面的风险。

培育新型农业经营主体，一方面，应依据各地资源禀赋、区位条件、产业基础等，聚焦优势特色产业，调整优化产业布局结构，重点扶持一批龙头企业，集中连片形成规模，打造大型农业企业集团，使其在农业产业化发展中成为主力军。另一方面，应顺应部分非农企业向“三农”领域转移的新趋势，充分发挥市场配置资源的决定性作用，推动资源要素向农村流动，加快推动农业经营主体多元化发展，搞活农村市场。在实践中，应统筹兼顾培育新型农业经营主体和扶持小农户，发挥新型农业经营主体对小农户的带动作用，完善新型农业经营主体与小农户的利益联结机制，实现小农户家庭经营与合作经营、集体经营、企业经营等经营形式共同发展。新型职业农民培育工程和新型农业经营主体培育工程要将小农户作为重点培训对象，帮助小农户发展成为新型职业农民。

（二）构建乡村产业品牌体系

很多乡村并不缺少优质农产品，但往往有品质无品牌或产品的品牌价值较低，缺乏市场竞争力，只能获得有限的生产环节收益。推进质量兴农、绿色兴农，构建乡村产业品牌体系，是实现乡村产业可持续发展的重要基础，也是构建乡村现代产业体系的重要环节。当前，应重点抓好以下三个方面：一是抓好产业选择和培育。坚持因地制宜选择产业，彰显产业的比较优势和地域特色，着力在“优、绿、特、强、新、实”六个字上做文章，形成产业竞争力。二是抓好质量管控。质量管控是乡村产业品牌的生命线。要从产业链各环节加强质量管控，健全绿色质量标准体系和可追溯体系，大力推进绿色生产、标准管控。引导各类农业经营主体建设标准化生产基地，推进标准化生产。加快建立农产品质量分级及产地准出、市场准入机制。三是抓好品牌建设。品牌建设重点在于品牌认知与认同。在品牌认知方面，地方政府应大力打造区域公用品牌，培育一批有影响力的区域公用品牌和企业品牌，创响一批“土字号”特色产品品牌。在品牌认同方面，应坚持质量兴农，对农产品进行准确的市场定位，锁定目标消费群体，培养消费者的品牌认同感和忠诚度。

（三）激发乡村创新创业活力

近年来，各地依托乡村资源积极培育新产业新业态，休闲农业、农产品精深加工、乡村旅游等蓬勃发展，乡村创新创业日渐活跃。同时也要看到，目前乡村产业仍然过多依赖传统要素投入，产业集中度较低，科技贡献率不高，优质绿色农产品特别是精细化中高端农产品较少，乡村产业发展所需人才明显不足。

当前，应进一步激发乡村创新创业活力，特别是要深化改革，盘活、激活、放活乡村各类资产资源，大力推进农村一二三产业融合发展。一是有效打通农村资源变资产的渠道，跨界配置农业和现代产业要素，形成“农业＋”多业态发展态势。二是深入推进“互联网＋”现代农业，大力发展休闲农业和农村电商，推进农业与旅游、文化、教育、康养等产业深度融合，发展数字农业、智慧农业。三是推进政策集成、要素集聚、功能集合和企业集中，加快建设一批现代农业产业园和特色产品基地，形成多主体参与、多要素聚集、多业态发展、多模式推进的融合格局。四是落实创新创业扶持政策，搭建创新创业平台，引导农民工、大中专毕业生、退役军人、科技人员等返乡入乡人员和“田秀才”“土专家”“乡创客”创新创业，培养一批创新创业带头人、优秀乡村企业家。

（四）完善利益联结机制

农民的主动参与是乡村产业实现可持续发展的基础。促进乡村产业振兴，绝不是企业“唱独角戏”，也不是政府“包打天下”，而是要调动农民的积极性、主动性、创造性，提高农民参与度。当前，要以农业农村资源为依托，以农民为主体，通过完善利益联结机制，让农民更多参与并分享乡村产业振兴的收益。

1. 大力发展农产品精深加工。农业生产要实现效益最大化，不能仅仅停留在生产销售初级产品阶段，而应在延长产业链上下功夫，并通过产业链形成利益联结机制。要统筹农产品产地、集散地、批发市场发展，建设一批专业村镇、精深加工基地和加工强县。同时，加快乡村基础设施建设和农村人居环境整治，为农产品精深加工和农村产业发展创造更好的条件。

2. 引导农业产业化龙头企业合作。在完善“龙头企业＋基地＋农户”模式的同时，积极推进“农户＋合作社”“农户＋公司”等模式，通过就业带动、保底分红、股份合作等形式，让农民稳定、长期、合理分享全产业链增值收益。扶持一批农业产业化联合体，以龙头企业带动、合作社和家庭农场跟进、广大小农户参与的方式联结起来，实现抱团发展。

3. 鼓励农民开展多种形式的合作与联合。加快农村集体资产清产核资和集体成员身份确认，推动发展多种形式的股份合作。加快推广“订单收购＋分红”“农民入股＋保底收益＋按股分红”“土地流转＋优先雇用＋社会保障”等多种利益联结方式，让农户分享加工、销售等环节收益。

【小资料】

多措并举助推乡村产业振兴

1. 打造“重庆中蜂第一村”，助力乡村产业品牌建设。建成采蜜体验园20个，接待采蜜体验者2千余人次；全镇养殖蜜蜂8千余箱，销售种蜂2千余群，蜂蜜6万余斤；建成中峰村、龙山村壮大集体经济蜂场4个，实现销售及承包收入15万元。

2. 推动农旅融合，助力乡村产业经济发展。中峰玫瑰园改扩建完成，接待游客5万余人次，销售玫瑰2万余株，旅游综合收入280余万元；销售柑橘5万斤，板栗5万斤，枳壳2万斤，农旅带动效果明显。

3. 推广农业技术，助力乡村产业质量提高。向广大果农传授栽培、管理、防病治虫的基本知识，发放宣传资料1800份，推广杂交水稻新品种2个，玉米新品种2个，双杂种子2.5万斤，销售农药1500公斤，防治各种病虫害面积2.1万亩/次。

资料来源：中峰镇多措并举推进乡村产业振兴［EB/OL］. 重庆节綦江区人民政府网站，2019－01－15. http：//www.cqqj.gov.cn/news/news/2019－1/15_129593.shtml.

三、《关于促进乡村产业振兴的指导意见》的解读

（一）乡村产业振兴的总体要求

乡村振兴，产业振兴是首要任务。《关于促进乡村产业振兴的指导意见》（以下简称《意见》）将乡村振兴纳入农业农村和经济社会发展全局来谋划，摆在更加突出的位置，提出了一系列实现路径、重点任务和政策措施。

第一，明确乡村产业振兴的指导思想。在《意见》中指出“以习近平新时代中国特色社会主义思想为指导，全面贯彻党的十九大和十九届二中、三中全会精神，牢固树立新发展理念，落实高质量发展要求，坚持农业农村优先发展总方针，以实施乡村振兴战略为总抓手，以农业供给侧结构性改革为主线，围绕农村一二三产业融合发展，与脱贫攻坚有效衔接、与城镇化联动推进，充分挖掘乡村多种功能和价值，聚焦重点产业，聚集资源要素，强化创新引领，突出集群成链，延长产业链、提升价值链，培育

发展新动能，加快构建现代农业产业体系、生产体系和经营体系，推动形成城乡融合发展格局，为农业农村现代化奠定坚实基础”。

第二，提出乡村产业振兴的基本原则。《意见》提出“促进乡村产业振兴，要坚持因地制宜、突出特色，市场导向、政府支持，融合发展、联农带农，绿色引领、创新驱动等原则，把以农业农村资源为依托的二三产业尽量留在农村，把农业产业链的增值收益、就业岗位尽量留给农民”。

第三，确立乡村产业振兴的目标任务。《意见》指出“力争用5~10年时间，农村一二三产业融合发展增加值占县域生产总值的比重实现较大幅度提高，乡村产业振兴取得重要进展。乡村产业体系健全完备，农业供给侧结构性改革成效明显，绿色发展模式更加成熟，乡村就业结构更加优化，农民增收渠道持续拓宽，产业扶贫作用进一步凸显”。之所以提出这一目标，主要基于以下三点考虑：一是适应产业发展新趋势；二是突显农业农村地位；三是完善农业统计制度。

（二）乡村产业振兴的具体任务

《意见》从六个方面对具体任务做了详细的阐述。一是突出优势特色，培育壮大乡村产业。这是解决促进乡村产业振兴“抓什么”的问题，就是要做强现代种养业，做精乡土特色产业，提升农产品加工流通业，优化乡村休闲旅游业，培育乡村新型服务业，发展乡村信息产业。二是科学合理布局，优化乡村产业空间结构。这是着眼解决促进乡村产业振兴“怎么摆布”的问题，就是强化县域统筹，推进镇域产业聚集，促进镇村联动发展，支持贫困地区产业发展。三是促进产业融合发展，增强乡村产业聚合力。这是着眼解决促进乡村产业振兴“怎么抓”的问题，就是培育多元融合主体，发展多类型融合业态，打造产业融合载体，构建利益联结机制。四是推进质量兴农绿色兴农，增强乡村产业持续增长力。这是解决促进乡村产业振兴“抓成什么效果”的问题，就是健全绿色质量标准体系，大力推进标准化生产，培育提升农业品牌，强化资源保护利用。五是推动创新创业升级，增强乡村产业发展新动能。这是着眼解决促进乡村产业振兴“动能是什么”的问题，就是强化科技创新引领，促进农村创新创业。六是完善政策措施，优化乡村产业发展环境。这是解决促进乡村产业振兴“有什么真金白银”的问题，就是健全财政投入机制，创新乡村金融服务，有序引导工商资本下乡，完善用地保障政策，健全人才保障机制。

（三）乡村产业振兴落地见效的组织保障

在乡村产业振兴的建设过程中，效果好不好？落地实不实？这些都离不开有力的组织和保障。《意见》要求，落实乡村产业振兴领导责任制，实行中央统筹、省负总责、市县抓落实的工作机制，党委和政府一把手是第一责任人，五级书记抓乡村产业振兴。各级党委和政府主要领导要切实担负起推进乡村产业振兴的领导责任，健全党委统一领导、政府负责、党委农村工作部门统筹协调的领导体制，把党管农村工作的要求落到实处。各级党委和政府分管负责同志是直接责任人，要切实扛起推进乡村产业发展的任务，真正成为乡村产业工作的行家里手。各级农业农村部门要切实履行好牵头抓总职责，加强对乡村产业发展的统筹协调。建立健全县（市）委政府负责、乡镇主抓、村组落实的推进机制。农业农村部门要与发改、财政、工信、住建、交通、文旅、自然资源、生态环保、市场监管等部门形成合力，建立农业农村部门牵头抓总、各部门协同配合、社会力量积极支持、农民群众广泛参与的协调机制。

【小资料】

产业振兴让乡村富起来

全面建成小康社会已到了决胜收官的历史关口。发展乡村产业是促进乡村振兴的根本所在，乡村振兴关键是要带动农民致富，产业发展是农民增收、农村繁荣的基础。没有乡村产业兴旺，乡村振兴就成了“空中楼阁”，“强富美高”新江苏就是不完整、不全面、不稳固的。

因地制宜打造江苏“富民品牌”，让乡村富起来。盱眙龙虾、阳山水蜜桃、溧水蓝莓、东海水晶、淮安大米……江苏一批地域特色鲜明、乡土气息浓厚的乡村产业正不断成长壮大，地理标志成为富民发展的“摇钱树”。物阜地丰的江苏依靠自然禀赋，紧扣农业供给侧结构性改革，出台一系列创业就业富民政策，发挥“培育一个品牌，带动一个产业，富裕一方百姓”的作用。农民的钱袋子鼓起来了，才会追求更富足的精神世界，打造出文明、和谐、富裕的美丽乡村。

产业融合要留住“形”守住“魂”，让乡村美起来。农业资源基础丰厚的江苏，农村一二三产业融合正进行在希望的田野上。兴化市千垛镇东罗村通过“政府+社会资本+村集体”的创新合作新模式，改善村里人居环境、打造全域旅游，不仅富起了村民，更保留了乡村风情，守住了乡村文化的“根”与“魂”。娄勤俭在调研时指出，村庄改造提升要充分考虑乡村肌理，保持错落有致的乡村形态，彰显当地历史文化。“望得见山水、留得住乡愁、体会到韵味”的江苏美丽乡村，让故乡更富诗意。

产业搭上“互联网+”快车，让乡村活起来。想致富，修网路。电商经济、智慧旅游、快递下乡、短视频引流、非现金支付……数字经济正为产业振兴做出重要贡献。在徐州睢宁，51个淘宝村正积极推广“沙集模式”发展电商经济，以大数据融合产业带动富民增收；沭阳积极发展“电商一条街”，仅花木产业一项就带动脱贫4.1万人。江苏深入推进“互联网+”现代农业，利用电商、微商社群等平台，在线上、线下多渠道宣传推广农产品，仅2019年上半年全省农产品网络营销额就达310亿元，同比增长31.9%，一个个数字化、网络化、智能化的新乡村正源源不断地释放经济活力。

产业振兴是带动乡村人才、生态、文化等全面振兴的重要引擎，我们要完成好这道时代“必答题”，让农村富起来、美起来、活起来，绘就江苏“强富美高”新画卷。

资料来源：苏芮．产业振兴让乡村富起来美起来活起来［EB/OL］．龙虎网，2019－08－15. http：//news. longhoo. net/2019/lhrp_0815/363201. html.

问题五　如何振兴乡村文化

乡村振兴，更要“铸魂”！

党的十九大后，“乡村振兴”成为最热门的词汇之一。从“美丽乡村”到“乡村振兴”的升级，乡村建设开启了新征程。乡村振兴，既要“塑形”，又要“铸魂”。新时代乡村既要有“好看外形”，更要有“内涵灵魂”。2018年3月，《人民日报》头版头条一篇《四轮驱动兴苍南》的文章引发了社会各界对乡村振兴“苍南模式”的探讨。苍南把山的特色和海的优势有机结合起来，把生态优势转化为经济优势，在乡村振兴战略中走出了一条既塑“风景”也造“风情”的独特发展道路。

“生态+产业”塑造乡村美丽之“形”，让农民“口袋”鼓起来。振兴乡村，仅仅只有“青山郭外斜”的情怀是不够的。改革开放40周年，中国广大农村发展有了大变化。今天的农村，不再满足“村容村貌整洁”，更希望把“绿水青山”生态优势、资源优势转化为经济优势、发展优势。乡村振兴，要根据不同村庄的地域特色，大力培育和扶持发展乡村旅游、农业观光、现代农业、森林康养等产业，让农民吃上“生态饭”，真正让农民“口袋”鼓起来。近年来，苍南以全域旅游助推乡村振兴的“蝶变”，各村居呈现出“百花齐放”的发展态势。短短两年，全县创成精品线3

条、精品村67个、省市级生活垃圾分类试点村29个，福德湾、碗窑、八亩后、富源等村成为全省美丽乡村建设典型，五凤茶园入选中国三十座最美茶园。“生态好、村庄美、产业兴、农民富、组织强”的新时代乡村呼之欲出！苍南有了因党建引领而美的中对口村，有了因文化而美的项东村，有了因生态而美的中魁村，有了因茶园风光而美的八亩后村……一个个村庄各美其美，形成了“美丽南大门”的特有的“颜值”和“气质”，更带来了丰厚的回馈。2017年苍南消除经济薄弱村341个，实现“三年任务一年完成”；启动项目建设517个村，总投资6.5亿元，每年可带动村集体经济增收6700多万元；全县农村居民人均可支配收入首次突破2万元。

“文化+乡风”铸造乡村内涵之“魂”，让农民脑袋“富”起来。乡村振兴的出发点和落脚点，是为了让亿万农民生活得更美好。美好的生活，除了要有越来越鼓的“钱袋”，同样要有越来越丰富的精神文化享受。如何让乡村成为有吸引力、让人向往的地方？如何让“富”起来的农民留下来，让在外游子重回故里？重要铸“魂”。文化就是乡村的魂。如果没有先进文化的引领，农民将是落后的农民；如果没有文化的振兴，物质再发达的乡村也只是一具没有“灵魂的空壳”。只有以文化乡村、文明乡风做支撑，村民生活才能富起来，人居环境才能美起来，村民精神才能焕然一新，继而迸发出强大的力量，乡村振兴战略也才能真正实现。近年来，苍南以文化礼堂成为撒播文明乡风的主阵地，传承良好家风、培育淳朴民风、彰显清正社风。通过开展“感动苍南十大人物”“十大孝子孝媳”、各行业“最美人物”等系列评选活动，将人们心中的真善美激发了出来；大力推进诚信教育、法制宣传教育和反腐倡廉教育，营造诚实守信、知法守法的乡村文明社会氛围；积极探索农村“乡贤治理”模式，推动“人才回归”，吸引外出的乡贤精英回乡定居参与家乡治理。2017 年，苍南累计引进乡贤回归重大产业项目 13 个，实际到位资金 64.02 亿元，并引回在外乡贤 300 多名担任村“两委”主职干部。

大道行思，取则行远。“产业兴旺、生态宜居、乡风文明、治理有效、生活富裕”擘画了新时代乡村建设的美丽蓝图。乡村振兴要以“农民群众对美好生活的向往”为标准，大胆创新突破，既要有“天蓝、山青、水绿”之“形”，更要“内外兼修”、铸就乡村文化之“魂”，真正让乡村美起来，让农民富起来，让乡愁留下来，推动乡村振兴。

资料来源：胡彦静．乡村振兴，既要“塑形”，更要“铸魂”［EB/OL］．苍南新闻网，http：//www.cnxw.com.cn/system/2018/08/16/013364528.shtml.

乡村文化振兴，就是在实施乡村振兴战略中，坚持两个文明一起抓，繁荣兴盛农村文化，培育文明乡风、良好家风、淳朴民风，改善农民精神风貌，不断提高乡村社会文明程度，焕发乡村文明新气象。

乡村文化振兴要坚定地立足于中华优秀传统文化，秉持科学客观礼敬的态度是我们搞好乡村文化振兴的重要基础。

党的十九大报告中首次提出“实施乡村振兴战略”，这是新的历史时期做好“三农”工作的重要遵循。乡村振兴不仅是一个单纯的经济议题，它已经超越了产业发展和经济范畴，涵盖了经济、社会生态、文化多个领域。如何让乡土文化回归并为乡村振兴提供动力，如何让农耕文化的优秀菁华成为建构生态文明的指南，让乡村成为生态宜居的家园，成为破题的关键所在。

一、乡村文化振兴是时代召唤

乡村文化振兴，就是在实施乡村振兴战略中，坚持物质文明和精神文明一起抓，繁荣兴盛农村文化，培育文明乡风、良好家风、淳朴民风，改善农民精神风貌，不断提高乡村社会文明程度，焕发乡村文明新气象。乡村文化振兴是决胜全面建成小康社会、全面建设社会主义现代化强国的重大历史任务，是新时代做好乡村精神文明建设的总抓手。

（一）历史使命与时代召唤

乡村文化振兴既是党中央立足社会主要矛盾变化、着力解决好发展不平衡不充分问题所作出的重大战略决策，也是我们党对近代以来工业化、城市化和乡村发展所进行的历史总结和高度自觉。乡村文化振兴既顺应亿万农民对幸福美好生活的向往，又是中国共产党人的初心所系、使命所在。

我们党历来重视农民问题，重视农民教育，重视乡村文化建设，在革命、建设和改革实践中，坚持把马克思主义关于农民问题的基本原理同中国农民问题具体实际相结合，形成了中国化的马克思主义农民观、文化观。毛泽东同志是我们党重视乡村文化的光辉典范，他根据马克思、恩格斯关于工农结盟的思想，提出了农民是中国革命主力军的论断，还深入研究了中国农民的特征，提出了对农民进行教育和引导的论断，强调要把政治教育与文化教育相结合、扫盲教育与生产劳动教育和技术教育相结合，把农民从文盲和愚昧中解放出来。邓小平同志作为中国改革开放的总设计师，始终强调物质文明与精神文明两手都要抓，始终坚持马克思主义的唯物史观，尊重农民的主体地位，强调思想道德建设是社会主义乡村文化建设的核心，科学技术建设是社会主义乡村文化建设的基础。江泽民同志、胡锦涛同志对乡村文化建设高度重视，采取了包括加强农村精神文明建设、培育新型农民等一系列政策措施。

党的十八大以来，以习近平同志为核心的党中央团结带领全国各族人民，迎难而上、开拓进取，取得包括乡村文化繁荣发展在内的一系列重大历史性成就。党的十九大以不忘初心、牢记使命为主题，以社会主要矛盾的新变化为依据，提出了乡村振兴战略。乡村文化振兴作为这一战略的铸魂工程，成为新时代的一个重大课题。可以说，中国共产党从成立之日起，就是乡村文化的坚定守护者、积极引领者、忠实传承者和创新发展者；乡村文化振兴始终是共产党人的历史使命，是新时代中国特色社会主义文化振兴的重要组成部分。

（二）文化自信与乡土自信

乡土自信在乡村振兴过程中具有十分重要的作用，是乡村振兴发展的精神支撑，是制约乡村振兴发展的重要因素之一。文化自信是主体对自身文化价值的充分肯定和积极践行。乡土自信是指乡村社会主体对乡村文化的一种信心、信念，是乡民对传统文化价值和自身理想信念的认可，是对所属群体文化生命力及其发展前景的肯定，是一种发自内心的文化自信心和自豪感。乡土自信不是盲目的自信，而是源于对优秀乡土文化的自觉和自醒，根基在于对乡土文化价值的认同。

乡土文化既是一方水土独特的精神创造和审美创造，又是人们乡土情感、亲和力和自豪感的凭借，更是永不过时的文化资源和文化资本。那些生发自乡土里、有根基血脉的、鲜活而有生命力的乡村文明，构成了中华文明的基础，也滋养着我们的民族性格。乡土文化独一无二的理念、智慧、气度、神韵，增添了生活在乡村土地上一代代农民内心深处的自信和自豪。为建设社会主义文化强国，增强国家文化软实力，实现中华民族伟大复兴的中国梦；为实现乡土文化特色，丰富乡村振兴内涵，建立对乡土文化保护与传承的路径研究体系既是内在的需要，也是外在的表达。全力推动文化事业和文化产业发展，满足人民过上美好生活的新期待，必须提供丰富的精神食粮，建立强大的文化自信。

（三）文化铸魂与物质塑形

习近平总书记指出，乡村振兴，既要塑形，也要铸魂。乡村文化振兴不仅是乡村振兴战略的应有之义，而且对于乡村组织振兴、生态振兴、产业振兴、人才振兴，具有重要引领和推动作用。

伦理文化是乡村治理的重要资源。伦理本位是传统乡村社会的文化基础。伦理文化是引导乡村风气和凝聚乡民人心的不可替代力量，是乡村治理的灵魂，是实现乡村社会充满活力、安定有序的根本支撑。基于乡村社会的文化特点，通过深入挖掘伦理文化，积极发挥乡规民约、道德规范等的约束作用，进而培育文明乡风、良好家风、淳朴民风，能够有效提升乡村治理水平，完善乡村自治体系。

生态文化是美丽乡村建设的价值引领。建设美丽乡村，需要牢固树立“绿水青山就是金山银山”的理念，大力加强生态文明建设，积极倡导绿色生产和生活方式。几千年的乡土文化，倡导人与自然之间、人与人之间和谐共生，形成了村民共同遵守的生态道德，融入文化传统和生活习俗。通过深入挖掘这些生态道德、生活习俗等文化资源，大力弘扬生态文化，有助于建设乡村生态文明，加快乡村生态振兴。

文化创意是乡村产业振兴的重要动能。随着时代的发展，文化创意作为一种特有的“生产要素”，与土地、劳动力和资本等传统要素一样，愈发成为乡村产业振兴的关键因素。一个好的文化创意，往往能够推陈出新，点石成金，把沉睡的乡村文化资源唤醒，实现十倍百倍的增值效应。同时，文化创意具有强渗透、强关联的效应，可以与乡村一二三产业融合发展，提升乡村产业附加值。文化创意日益成为乡村高质量发展的新动能。

文化供给是乡村人才振兴的重要条件。文化是重要的民生。推动乡村人才振兴，不仅要大力改善经济条件，还要加强文化供给，活跃乡村群众精神文化生活。相对于城市丰富的文化设施和文化生活来说，乡村文化设施比较薄弱，文化活动相对匮乏，从城里回归的年轻人生活不习惯、不适应。因此，增加文化供给、丰富文化生活是推动乡村人才振兴的客观要求和有效途径。

可以说，乡村文化振兴既是解决城乡文化发展不平衡和农村文化发展不充分的战略选择，也是乡村振兴战略的重要任务和必要保障，必须把乡村文化振兴贯穿于乡村振兴的各领域、全过程。

（四）一元主导与多样发展

振兴乡村文化，要以马克思主义为指导，以习近平新时代中国特色社会主义思想为引领，坚守中华文化立场，大力培育和践行社会主义核心价值观，秉持客观、科学、礼敬的态度，立足当代中国乡村现实，结合当今时代条件，推动农耕文化创造性转化、创新性发展，让优秀乡土文化与社会主义先进文化和革命文化在广大乡村融合会通、焕发勃勃生机。

辩证取舍是基本方法。不可否认，乡土文化中有一些糟粕的成分，个别地方存有封建迷信活动。但乡土文化绝不等同于落后、愚昧、保守，不能一概否定，其主体价值在当今社会仍然有着重要意义和深远影响。要坚持把辩证取舍作为基本方法贯穿于乡村文化振兴实践中，旗帜鲜明地发展先进文化，支持健康有益文化，努力改造落后文化，坚决抵制腐朽文化，积极支持和引导村民维护公序良俗、崇尚义德勤俭。

尊重差异是基本态度。个性化、多样化是乡土文化的基本特征。我们必须承认其客观性、包容其差异性、理解其独特性、掌握其规律性、发掘其合理性，如此才能使乡村文化百花齐放、百家争鸣，始终充满生机活力。

因地制宜是基本手段。“百里不同风，十里不同俗”。乡村文化因其地理位置、资源禀赋、历史渊源的不同而千差万别、各具特色，全国如此，一个省甚至一个市县也是如此。应科学把握各地差异和特点，坚持因地制宜、因时制宜，坚持精准施策、分类推进，不搞“一刀切”，不搞统一模式。

（五）顶层设计与基层探索

习近平总书记指出，改革开放在认识和实践上的每一次突破和发展，无不来自人民群众的实践和智慧。要鼓励地方、基层、群众解放思想、积极探索，鼓励不同区域进行差别化试点，善于从群众关注的焦点、百姓生活的难点中寻找改革切入点，推动顶层设计和基层探索良性互动、有机结合。乡村文化振兴既要搞好顶层设计，又要鼓励敢想敢试，尊重基层首创精神，依靠广大农民的聪明才智，绘就乡村文化建设美好蓝图。

坚持全面动员与有序推进相结合。文明乡风、良好家风、淳朴民风是一个潜移默化、不断养成的过程，对待乡村文化振兴，我们既要保持时不我待的紧迫感和责任感，也不可一哄而上、一味追求快、搞成新的“大跃进”。工作中，要坚持规划先行，时间服从质量，稳扎稳打，久久为功。

坚持党政主导与农民主体相结合。乡村文化振兴不仅要发挥党委、政府的主导作用，更要尊重农民主体地位，让农民“热起来”，形成全社会关心支持和积极参与乡村文化振兴的浓厚氛围。要充分尊重农民意愿，切忌简单代替农民选择，最大限度调动亿万农民参与乡村文化振兴的积极性、主动性、创造性，不断提升农民的文化参与感、获得感、幸福感。

坚持文化事业与文化产业相结合。文化事业和文化产业是文化发展的两大引擎。乡村文化振兴，必须坚持文化事业和文化产业双轮驱动，依靠公益性文化单位和经营性文化单位两类主体，运用政府手段和市场运作两种方式，依托公共财政和社会资本两种资源，形成支撑合力，实现经济效益与社会效益双丰收。

【小资料】

培育文明乡风、良好家风、淳朴民风

村里文化活跃了起来。河南省兰考县东坝头乡张庄村村委会主任翟茂胜介绍，村里租下了村民闲置的住房，改造成一座村民阅览室“桐花书馆”。村里还成立了艺术团，每逢大小节日都会为村民们演出节目，“艺术团现在火了，经常被邀请去邻近的村庄演出。”

2018 年“中央一号文件”指出，繁荣兴盛农村文化，焕发乡风文明新气象。千百年来，乡村文化凝聚着乡土之美、人文之美。中国人民大学农业与农村发展学院教授孔祥智表示，目前我国乡土性特征已经发生变化，乡村社会的实体结构及乡土文化呈现出新趋势，构成了中国乡村社会的后乡土性特征。

乡村文化振兴，要体现深厚的文化传统。刘永好说：“把传统留住、把文化留住，又能够适应时代的变化，建构具有饱满品位特征、具有生动气息的新乡土、新农村，才能焕发乡风文明新气象。”

贵州省遵义市赤水市大同镇民族村农民杨昌芹，是贵州省级非物质文化遗产“赤水竹编”的传承人。杨昌芹说：“准备将赤水竹编形成一个完整的产业链，深入挖掘民族文化的价值和内涵，帮助大伙过上更美好的生活。”

乡村文化振兴，要体现浓郁的当代特色。宋洪远说，乡村文化是乡村振兴的重要基础和保障，从乡土社会和现代社会的特征中找出乡土社会的合理价值，以优化现代社会道德真诚的生存环境，是当务之急。要在“关键小事”上勇于作为。伴随着城市化快速推进和城市文明的扩张，传统乡村文化被忽视、被破坏、被取代的情况比较严重，一些地方传统生活形态、社会关系日趋淡薄，乡村文化日渐荒芜。同时，厚葬薄养、铺张攀比、红白喜事大操大办等风气蔓延。农村是人情社会、熟人社会，要在红白喜事、结婚彩礼这些“关键小事”上树立社会主义核心价值观，防止不良习气蔓延。

杨国强表示，乡村文化振兴，既要“富口袋”也要“富脑袋”，要加强农村思想道德建设，传承发展提升农村优秀传统文化，培育文明乡风、良好家风、淳朴民风，提升农民精神风貌，提高乡村社会文明程度，焕发乡村文明新气象。

资料来源：高云才．加强农村思想道德建设和公共文化建设，培育文明乡风、良好家风、淳朴民风［N］．人民日报，2018－03－25.

二、乡村文化振兴要有的放矢

实施乡村振兴战略，是决胜全面建成小康社会、全面建设社会主义现代化国家的重大历史任务。推动乡村文化振兴是实施乡村振兴战略的重要内容。我国大力实施乡村振兴战略以来，乡村文化振兴取得明显成效，但也有一些地方对乡村文化振兴不够重视。新形势下，应大力推动乡村文化振兴，繁荣发展乡村文化，努力提高乡村社会文明程度。

延续乡村文化血脉。推动乡村文化振兴，需要对乡村传统文化进行保护、传承与发展，使其与现代文化有机融合，以更好延续乡村文化血脉。应加大对乡村优秀传统文化挖掘、整理和保护力度，充分发挥其在凝聚人心、教化群众、淳化民风中的重要作用。从物质文化层面而言，应加强对传统村落基本格局的保护，加强对乡村文物古迹、传统建筑以及民间文化活动场所等的保护。从非物质文化层面而言，应加强对乡村非物质文化遗产的保护、传承与发展，如乡村优秀传统曲艺、民间工艺美术、传统节庆活动、传统体育活动等。可以借助现代科技手段、现代文化创意设计表现乡村传统文化，鼓励乡村传统文化与乡村旅游深度融合，不断激发乡村文化的活力。

健全乡村公共文化服务体系。推动乡村文化振兴，必须按照有标准、有网络、有内容、有人才的要求健全乡村公共文化服务体系，更好满足乡村居民的基本文化需求。应坚持重心下移、资源下移、服务下移，进一步完善覆盖城乡的基层公共文化设施网络。推动基层公共文化设施资源整合、共建共享，统筹建设集宣传文化、党员教育、科学普及、普法教育、体育健身等多种功能于一体的基层公共文化服务中心。推行县级图书馆、文化馆总分馆制，发挥县级公共文化机构辐射作用，实现乡村两级公共文化服务全覆盖，提升服务效能。继续实施公共数字文化工程，积极发挥新媒体作用，让乡村居民能够便捷获取优质数字文化资源。以文化需求引导文化供给，建立乡村居民文化需求反馈机制，实行政府向社会购买公共文化服务，推行“按需制单，百姓点单”服务模式，使乡村公共文化服务更加符合乡村居民的需求、更受乡村居民的欢迎。

发展乡村特色文化产业。乡村文化振兴与乡村文化产业发展相辅相成，乡村文化产业发展是乡村文化振兴的推动力量，乡村文化振兴是乡村文化产业发展的重要目的。大力发展乡村特色文化产业，是促进乡村文化与经济融合发展的重要途径。应依托乡村丰富的历史文化资源、民族文化资源和生态文化资源，发展具有地域特色和民族特点的文化产品和服务。大力推动农村地区实施传统工艺振兴计划，培育形成具有民族和地域特色的传统工艺产品，促进传统工艺提高品质、形成品牌、带动就业。积极开发传统节日文化用品和武术、戏曲、舞龙、舞狮、锣鼓等民间艺术、民俗表演项目，促进文化资源与现代消费需求有效对接。借助数字化网络平台，搭乘乡村旅游快车，将地域特色和乡村文化元素融入农业生产、农产品加工、农业观光、农事体验中，赋予农业更多文化内涵。

【小资料】

提升村镇文化，焕发乡村文明新气象

重庆市大渡口区正式启动实施乡村文化振兴“百千行动”试验示范工程，在全区2个镇、11个村（建胜镇民胜村，跳磴镇南海村、红胜村、石林村、双河村、沙沱村、石盘村、金鳌村、蜂窝坝村、新合村、拱桥村）开展乡村文化振兴试验，分步率先建设一批乡村文化振兴示范镇和示范村。

在实验示范工程中，将实施一批重点项目。优化升级乡村公共文化服务阵地，升级改造基层综合文化服务中心，实现动态全覆盖；推进镇室内固定放映厅建设，2022年完成建设总量50%以上；启动镇村乡情陈列馆建设，2022年达到6个；推动“一村一品”文化活动建设，2022年达到11个；推进新时代文明实践中心建设，健全区、镇（街道）、村（社区）的中心、所、站三级运行体系；培育乡贤文化，开展“乡贤善治”主题实践活动，每村评选1至2名新乡贤设立“乡贤堂”。

大渡口区紧扣《重庆市推动乡村文化振兴工作方案》部署，按照整体推进、重点突破、试验探路的思路，在全区全面推进乡村文化振兴基础上，选择部分镇和村，开展试验示范，率先启动，探索经验，在实施乡村文化振兴中走在前列，发挥示范引领和带动作用，以点带面，推动全区乡村文化振兴。力争到2022年，试验示范镇和村文化振兴明显提升，让乡村文明焕发新气象。

资料来源：突出示范引领作用，助推乡村文化振兴［EB/OL］．大渡口网，http：//www.ddknews.gov.cn/ddk_Content/2019－08/09/content_4566138.htm.

三、中国特色乡村文化振兴之路

（一）树立乡土文化的自信

1. 乡村是中华传统文化生长的家园。乡土文化是中华优秀传统文化的根基，是社会主义先进文化和革命文化的母版，是坚定中国特色社会主义文化自信的根本依托。理解乡土文化、认同乡土文化、尊重乡土文化、热爱乡土文化不仅是增强文化自信的内在要求，也是实现乡村文化振兴的必要前提。

2. 乡土文化孕育守护着中华文化的精髓。中华文化本质上是乡土文化。中华优秀传统文化的思想观念、人文精神和道德规范，植根于乡土社会，源于乡土文化。我国优秀传统农耕文明历史悠久、内涵丰富，一系列价值观念，如家庭为本、尊祖尚礼、邻里和睦、勤俭持家、以丰补歉等，都是人文精华；德业相劝、过失相规、出入相友、守望相助、患难相恤等，都是中华传统美德。儒家文化倡导的讲仁爱、重民本、守诚信、崇正义、尚和合、求大同，不仅维护了中国古代社会的良好秩序，在当今社会仍然具有强韧而持久的生命力。作为民俗文化代表的“二十四节气”，体现了中国人天人合一、顺天应时的理念。在中华优秀传统文化的形成和发展过程中，乡土文化不仅起到了“孕育者”的作用，还发挥了“守护者”的作用。近代以来，尽管中国乡土文化屡次遭受磨难，但其文化精髓并没有丧失，而是深深植根于中国农村广袤的土地上，并在新时期焕发着强大的生命力。

3. 乡土文化涵养呵护着宝贵的文化遗产。乡土文化源远流长，在历史的长河中除了不断为中华民族提供丰富的精神滋养外，还留下了曲阜“三孔”、万里长城、中国大运河等众多文物古迹，古琴艺术、木版年画、剪纸等丰富的非物质文化遗产，以及散落全国各地、独具特色的传统村落、民族村寨、传统建筑、农业遗迹、灌溉工程遗产等。据统计，目前我国拥有世界遗产 53 处，排名世界前列；39 项非物质文化遗产项目入选联合国教科文组织名录，位列缔约国首位；15 个项目入选全球重要农业文化遗产保护名录，居世界第一；形成了完善的国家、省、市、县四级文物和非遗保护体系。依托这些丰富而又宝贵的文化遗产，中国连绵几千年发展至今的历史从未中断，创造了世界上独一无二的文明奇迹。

4. 乡土文化闪耀着色彩斑斓的独特魅力。乡土文化既是一方水土独特的精神创造和审美创造，又是人们乡土情感、亲和力和自豪感的凭借，更是永不过时的文化资源和文化资本。近年来，我国各地兴起了“乡土文化热”，乡土文化成为一种时尚文化，人们把乡土文化作为一种情结，作为重要的文化资源和文化资本。春节庙会、清明祭祖、端午赛龙舟、重阳登高等传统民俗活动日渐兴起，展现了乡土文化旺盛顽强的生命力。乡村旅游大发展，传统村落成为人们趋之若鹜的旅游地，民俗体验、乡村写生等成为消费热点。美丽乡村建设蓬勃兴起，传承乡土文化、保持乡村特色成为一致共识，一批文化底蕴深厚、充满地域特色的美丽乡村在全国各地不断涌现。景德镇陶瓷、淄博琉璃、潍坊风筝等乡土工艺品以及泰山皮影、日照农民画等乡土民间艺术纷纷走出国门，中国乡村文化正以愈发自信的步伐走向世界，受到世界人民的广泛赞誉。

实践证明，中国乡土文化历经劫难而不亡，饱经沧桑而新生，我们完全有理由树立对乡土文化的自信，这是文化自信的核心构成，决定着文化自信的深度和广度。

（二）发掘乡村文化的动力

乡村是中华五千年农耕文明的见证者、感知者和传承者，是我们中华民族传统文化的基因库。回望“衰落史”才能开启“振兴史”。乡村文化的衰落可以追溯到近代。从 1840 年到 1949 年，在这 100 多年里，帝国主义列强的经济、文化掠夺从未间断，内忧外患、山河破碎、民生憔悴，使得乡村文化遭受了无数次的劫难，千百年来积聚起来的有形文化财富被抢、被偷、被烧、被毁，损失之惨重世所罕见。打倒“孔家店”，立“西学”之新、破“中学”之旧，引发了全社会对传统文化的漠视、厌倦乃至反对。整个传统文化处于万劫不复的境地，它的分布于乡村中的那一部分也就难逃其“斯文扫地”的厄运。20 世纪 30 年代，以晏阳初、梁漱溟、卢作孚等一批爱国知识分子也曾发起过“乡村建设运动”，提出并实验了“乡农学校”“博士下乡”“文艺教育治愚”等诸多方案，但终因没有一个人民当家做主的人民共和国，都以失败而告终。中国乡村文化的衰落史，是中华民族苦难史的生动写照。而同样在这 100 年里，与中国农村文化衰落形成鲜明对比的是，西方发达国家基本完成城市化过程，较早地开启了乡村文化的振兴之路。据统计[①]，1848 年中国、美国的城市化率分别为 10.9%、10.6%，而到 1949 年，中国的城市化率仍然是 10% 左右，美国已接近 70%。英国早在 1850 年城市化率就达到 50%，是人类社会发

---

① 王磊. 乡村文化振兴的国学思考［EB/OL］. 光明日报数字版，http：//epaper. gmw. cn/gmrb/html/2018 – 07/07/nw. D110000gmrb_20180707_1 – 11. htm.

展史上第一个城市人口超过农村人口实现社会转型的国家。发达国家较早地具备了城市反哺农村的条件，农村的基础设施建设、环境改造、空间规划，特别是乡村文化得到城市文化的直接反哺和辐射。美国的乡村“巧发展”战略、英国的乡村更生工程、日本的“一村一品”农村振兴运动，使得乡村经济和文化一起得以重构和振兴，乡村里住的不再是传统意义上的农民，而是农业工人，是有文化的人在农村经营。新中国成立之后，为迅速积累工业化、城市化和现代化的资本，我国确立了以城市为中心的发展战略，以致城乡文化差距成为客观存在的事实并不断拉大。但是，到 20 世纪 90 年代中期以后，我国着力解决“三农”问题，建设社会主义新农村，大力推进农村公共文化服务体系建设，走出了中国特色的乡村文化发展之路。当前，我国城市化率已近 60%①，乡村文化早已走出衰落的低谷，伴随工业化、城镇化的进程，经历 1949～1978 年的复苏期、1978～2017 年的建设期，具备了开启文化振兴的基本条件。历史证明，推动乡村文化由衰落走向振兴，是对近代以来仁人志士理想的再实践、再创造，是中国人民谋求民族独立、人民解放和国家富强、人民幸福的重大历史责任，是中国人民屹立于世界民族之林、实现中华民族伟大复兴的内在要求。回望乡村文化的衰落才能凝聚起振兴的强大力量。

乡村是中华民族传统文化的发源地，乡村文化在经济社会发展中一直占有重要地位。乡村文化是一个开放系统和开敞空间，只有坚持地域特色、民族风格与外来文化同构并置，才能将乡村文化的物质形态与精神气质有机融合起来。当前我国正处于城镇化和工业化相互叠加、互相更替的重要历史阶段，在这一历史阶段复兴乡村文化、发挥乡村文化对乡村振兴的人文功效，既是我

---

① 王磊．乡村文化振兴的国学思考［EB/OL］．光明日报数字版，http：//epaper. gmw. cn/gmrb/html/2018－07/07/nw. D110000gmrb_20180707_1－11. htm.

国今后经济社会发展的重要指标，也是衡量我国精神文明建设的重要标尺。

乡村振兴，文化是核心。“仓廪实而知礼节”，要实现乡村振兴，不仅要振兴农业，振兴产业，还要充分重视振兴和发展乡土文化。在新鲜事物层出不穷、价值取向日益多元、生活方式日益多样的当今社会，对于生活简单、是非标注淳朴、老实本分的农民而言，只有对自身生于斯、长于斯的本土文化有坚定的信心，才能在困难面前自立自重，鼓起奋发进取的信心与勇气，焕发创新创造的活力，才能把广大农民群众对美好生活的向往转化为推动乡村振兴的动力。

（三）乡村文化振兴贯穿于乡村振兴全过程

文化振兴作为乡村振兴的重要组成部分，贯穿于乡村振兴全过程，为乡村振兴提供精神支柱和文化滋养。

1. 文化供给是乡村文化振兴的保证。要想推动乡村文化振兴，文化供给是保证性因素。但是，当前农村普遍存在的文化人才匮乏的问题，要按照人尽其才的原则，多措并举，挖掘和培养一大批优秀的乡村本土文化人才。制定出台相关扶持政策，把具有专业特长、热爱乡村文化事业、业务素质高、甘于奉献的优秀人才选拔到文化战线上来，建设一支专业化的文化工作管理队伍。同时要定期举办文化人才培训工程，加大对农村基层文化骨干、乡村文化工作人员培训力度，提高其政治素质和业务水平。加大资金投入，提高其经济待遇。

2. 产业融合发展是乡村文化振兴的推动力。发挥文化对经济的助推作用，坚持产业融合发展，促进生态文化旅游优势叠加。一是要不断挖掘优秀传统文化，以非物质文化遗产为重点，加大宣传力度，推动其知名度，让优秀传统文化引领新时代、新生活。

二是要推动乡村文化旅游发展。尽管文化本身并不能直接产生经济效益，但是如果和旅游相融合，就会产生经济效益。要充分发挥当地旅游资源优势，促进当地经济的发展，使得人民生活水平得到大大提高，生活质量上升，人民的幸福感得以提升。

3. 乡村文化振兴以文化为魂。文化是一个国家、一个民族的灵魂，能够在人们认识世界、改造世界的过程中创造生产力、提高竞争力、增强吸引力、形成凝聚力。没有文化，人就没有精神追求，就会空虚。乡村同样适用，没有文化的乡村，也是空虚的。乡村文化振兴要充分挖掘乡村文化内涵，与乡土文化元素与艺术符号相结合，考虑整体乡村历史风貌，来规划乡村建设发展，避免走工业化，千篇一律的老路。要采取让群众喜闻乐见、灵活多样的形式和方法，大力弘扬、大力宣传培养村民的爱国主义精神、勤劳致富的敬业精神、关爱互助的友善精神、遵纪守法的诚信精神，让社会主义核心价值观贴近生活、贴近村民，转化为村民的内心认同、自觉行动。铸文化之魂，推动乡村文化繁荣兴盛，可以为乡村振兴提供精神动力、智力支持和道德滋养。只长庄稼的土地是贫瘠的，有了文化的滋润才能使乡村焕发旺盛的生命力。

（四）振兴乡村文化要立足当代中国乡村现实

1. 社会主义核心价值体系是乡村文化振兴之本。文化系统的核心是价值观系统，不同的价值观是文化模式差异的重要体现。因此，发挥社会主义核心价值观在乡村文化振兴中的引领作用，既是推动社会主义核心价值观在农村落地生根的需要，也是引领新乡村文化建设，实现乡村振兴战略的需要。新中国成立之后，中国共产党就开始逐步引导农民走社会主义道路，培养农民的社会主义觉悟和集体主义观念，使农民的思想发生了根本转变，为顺利完成农业社会主义改造奠定了思想基础。但是，近年来，伴随改革开放和社会主义市场经济的发展以及多元文化的冲击，社会主义价值观念在农民的思想中有所淡化和弱化。因此，当前重塑农民社会主义核心价值观尤为重要和紧迫。社会核心价值观只有深入群众的日常生活场域，成为人们日常生活中的思想根基、行动准则，才可能真正走出理论与现实相悖的困境，真正实现其文化引领的效用。

2. 推动优秀传统文化的精神传承与物质传承。中华传统文化博大精深、源远流长，是五千年中华文明生生不息、不断发展壮大的精神命脉与思想沃土。作为社会主义农村文化建设中的一项重要内容，优秀传统文化在农村的传承是最为活跃的一部分。纵观历史，许多的艺术创作也来源于农村，由此可见农村自身文化基础是非常深厚的。传统文化不仅可以丰富农民的精神文化需求，同时也能拉动农村经济的快速发展，对社会主义农村文化建设起到非常重要的作用。乡村文化振兴，需要精神文明、物质文明齐头并进，在推进现代化的同时，也要积极的保留优秀的传统文化，释放其巨大的力量。

3. 良好社会风气是乡村文化振兴的重要体现。社会风气是社会整体或局部在一个阶段内所呈现出的习尚和风貌，包括观念、爱好、行为、习惯等。良好的社会风气是推动社会前进的巨大力量，而不良的社会风气则有损社会的健康机体。近年来，随着文明村镇创建的推进，农村社会风气得到有效整治，农村精神文明建设取得新的进展。但是，一些农村仍存在着诚信缺失、道德失范、封建迷信、黄赌毒以及大操大办红白喜事、比阔斗富等现象。因此，良好的乡村社会风气的形成要走中国特色社会主义乡村善治之路，建设充满活力、和谐有序的乡村社会，不断增强广大农民的获得感、幸福感、安全感。因为乡村文化积淀着中华民族最深厚的精神追求，包含着中华民族最本色的精神基因，蕴含着中华民族最珍贵的精神特质。比如，和谐友善的“邻里文化”、反哺桑梓的“乡贤文化”、崇德重礼的“儒家文化”等优秀乡土传统文化，是乡村柔性治理的宝贵资源，要对其进行充实和发扬，以“乡村自治、社会共治、德治教化”助力乡村善治，实现文化乡村振兴。

4. 农村公共文化建设与乡村文化振兴相互促进。公共文化建设是激发乡村活力、实现乡风文明的内在动力。乡村公共文化建设既要立足于乡村的地域文化特色，继承和弘扬乡村优秀传统文化，也要契合现代文化精神和文化向度。只有尊重和传承具有地方性知识特点的续传传统优秀文化，乡风文明才能契合民众生活，激发乡村活力。只有契合现代文化精神，乡风文明才能融入现代文明。公共文化建设是提升乡民满足感、获得感和幸福感的关键举措。乡民对美好生活的向往不仅涵括就业、社会保障、生活质量、生存环境等物质生活层面，更重要的是精神领域充实、文化生活丰富多样、科学文化素养不断提升等精神层面的满足感、获得感和幸福感。

（五）乡村文化振兴的制度保障

1. 明确主体。在我国当前的乡村文化建设中，存在着责任人不够明确的情况。一些当地政府没有在明确的材料中看到自己需要负责乡村文化建设，于是对于这类项目就不够重视。这就导致了乡村文化建设的力度不够，一些设施的建设不够完善，也就无法完成乡村文化所需要承担的任务。乡村文化振兴过程中，政府是主要主体，是乡村文化振兴的政策引导者、条件支持者、实施保障者。乡村文化振兴的直接实施主体是广大农民，享受者也是广大农民，在乡村文化振兴中要发动农民力量，要引导农民积极参与到乡村文化振兴之中，自觉培育和践行社会主义核心价值观，传承和创新乡土文化，培育文明乡风、良好家风、淳朴民风。

2. 资源整合。在我国当前的乡村文化建设之中，一直无法做到有效的资源整合。各个部门各自问政，很难产生配合，这就让乡村文化建设的速度被拖延。因此，想要进行乡村文化建设，就必须从人、财、物等多个方面进行整合，让各种资源被统一管理，在使用的时候只需要一个部门的牵头就能得到充分的调动。这样才能简化工作步骤，提高工作效率。其最有效的办法就是在政府的各个部门中，选择一个部门作为乡村文化建设的核心部门，由这个部门负责资源的整合，下设的其他部门想要进行任何的活动，只需要向这个部门汇报并获取审批即可。

3. 丰富功能。在乡村文化建设之中，我国当前的情况主要是各种设施不够齐全，通常就是在各个小区或者重要的地方建立一个简单的健身仪器。这种情况就导致乡村文化设施的吸引力不够，不能让群众被吸引。因此就存在着名存实亡的状况。为了改变这种情况，就需要我国文化机构对各个地方进行大额度的拨款，这样才能有效增加文化设施的种类。只有更多种类的文化设施，才能形成足够的吸引力，让我国的群众真正体会到乡村文化建设的效用。而一些大型的文化设施，诸如文化馆、歌剧院、图书馆等，更是我国需要建设的重点。

4. 建设机制。基层文化建设还存在的问题就是烂尾问题。一些乡村文化设施被建设之后，很难得到维护，随着时间的流逝，这些设施就渐渐无法使用，成为一堆废铜烂铁。为了保障我国的乡村文化建设不会出现烂尾的现象，就需要建设一个有效的运行机制进行操作。这个机制主要的任务就是能够规定责任的隶属，在不论任何时候，一旦乡村文化设施出现了问题都有人能够负责，并且解决。

四、延续乡村文化记忆

美丽乡村整治规划的“魂”是挖掘乡土文化，延续乡村记忆，提升乡村文化软实力。乡土文化是以农耕文化为核心，融合民俗文化、宗教文化和建筑文化，形成独具特色的地域性本土文化。

（一）农耕文化

农耕文化指由村民在长期农业生产活动中形成的风俗文化，具有地域性、乡土性、传承性与多元性的特点。例如，婺源的特色梯田文化景观，可采用先进的水土保持技术来保证斜坡的稳定性，并清理排水沟的垃圾，塑造梯田赏花、农地听风的农耕生活场景。生产生活性设施与村民的农耕生产活动密切联系，体现乡村质朴的生活气息，是能够引起人们对乡村印象共鸣的乡土要素，如石磨、木质碾米机、柴草垛等。在乡村入口、中心广场、主要街巷等重要节点的景观整治和庭院改造处，依据空间的主题，适当布置乡村生产生活性设施，赋予空间历史特征，使各个空间相呼应，突出村庄特色。

（二）民俗文化

乡村有着赶集、看戏、逛庙会、红白喜事等民间习俗。延续多年的赶集传统，每逢特定时日，商贩齐集在固定场所，村民纷纷上街购物，乡村因赶集活动而变得热闹。对于文化生活匮乏的村民而言，看戏是他们喜闻乐见的生活方式。乡下看戏，露天的简易看台，结合质朴的语言和生动的表演，便能引起村民的情感共鸣。保留民俗特色文化，保护乡音，给乡村各类民俗活动预留文化展示空间，优化民俗文化演出的环境，提高民俗文化演出节目的质量，让村民能充分感受到家乡的气息，留住村民记忆中的空间和事件，留住乡愁。

（三）宗教文化

乡村宗教信仰包括自然崇拜、祖先祭祀、佛教信仰、道教信仰等，具有多元性和复合性。宗教信仰在一定程度上可以净化乡村，促进邻里关系的融洽与家庭关系的改善。寺庙、宗祠往往是村民表达宗教信仰的精神活动场所。利用寺庙传播环保的理念，传递保护生态环境和野生动物的爱心，发挥村民的主观能动性，让村民自主地参与到乡村环境整治活动中来，使乡村环境变得美丽、村民行为活动方式变得文明，村民精神生活变得富裕。

（四）建筑文化

建筑文化需要传承，乡村古建筑风格固然千差万别，却离不开天人合一的设计理念，如徽派建筑、客家围屋、傣族竹楼等。“水泥森林”式的城市建筑风格不适应于乡村建设，只有有着历史沉淀的乡村建筑才能承载记忆中的乡愁，如祠堂、寺庙、戏台、书院、牌坊等。延续村落空间肌理，保留历史建筑的建筑风格、建筑结构与装饰，修缮具有历史文化价值的古建筑，植入文化活动，使古建筑真正意义上的活起来。对于农村住宅，在满足建筑采光、建筑合理布局的前提下延续建筑堪舆学的理念，融入古建元素和现代元素，塑造新型的村庄面貌。

总之，留住乡村文化记忆，这是一项具有深远意义的文化工程，是一件把根留住的文化惠民工程。一片残垣、一处断壁、一栋楼阁、一座牌坊，都有一段尘封的历史，都有其不可复制的传奇。当越来越多的古村落、古建筑、老手艺在逐渐消逝，故乡也逐渐成为再也回不去的回忆。我们要做的就是要唤起全民对乡村文化的挚爱和对古村落的保护意识，让其成为推动乡村振兴发展的力量。

【小资料】

留住乡村印记，延续历史文脉

近日，江西省赣州市定南县老城镇的黄砂口美丽乡村建设现场呈现一片火热施工的景象，围绕“一溪三轴连四区，多点汇文湖”的布局，定南以黄砂口为核心辐射带动莲塘古城，以4A级旅游标准精心打造美丽乡村和特色小镇，一个集新农村建设、精准扶贫、产业发展及乡村旅游于一体的美丽乡村建设体系已初具雏形。

“党的十九大报告指出，实施乡村振兴战略要坚持农业农村优先发展，按照产业兴旺、生态宜居、乡风文明、治理有效、生活富裕的总要求，建立健全城乡融合发展体制机制和政策体系，加快推进农业农村现代化。黄砂口美丽乡村建设就是要打造一个望得见山水、记得住乡愁、富有丰富文化内涵的宜居、富民、和谐美丽乡村。”定南县农工部长何启玫说，实施乡村振兴战略，要抓住文化内涵的牛鼻子，化文化优势为发展优势，坚持文化传承与创新并举，加速培育乡村文旅产业新业态。要依托其原有文化内涵，合力唤醒乡村沉睡的本土文化资源。

“我们的第一个百年目标是，到2020年全面建成小康社会，乡村振兴则全面建成小康社会的‘最后一公里’。”江苏省灌南县委书记李振峰认为，乡村振兴，不仅仅是经济建设的振兴，还是生态建设、文明建设的振兴，是一个系统工程。

过去，我们提出农业现代化，这次党的十九大报告提到农业农村现代化，两者之间有什么区别？中央农村工作领导小组办公室主任韩俊认为：“这是一个崭新的表述，推进农业农村的现代化涉及农村的经济、政治、文化、社会、生态文明各个方面的建设。到21世纪中叶，要把国家建设成为一个富强、民主、文明、和谐、美丽的社会主义现代化强国。”

城镇建设，要让居民看得山，望得见水，记得住乡愁。乡村承载着独特的地方文化，乡村文化是“乡愁”基因的重要载体。

“农村尤其是偏远农村大多都还保留着古村落、古建筑等有形财富以及附着于其上的无形资产，仍然保存着历史遗留的地域、民族、习俗、礼仪、节庆、建筑等方面不同的风格。正是这些与城市同化发展形成鲜明对比的财富，才让乡村文化显得弥足珍贵。”中国人民大学农业与农村发展学院教授孔祥智指出，现在很多农村，原本独有的历史印记、文化注脚在逐渐减少甚至消失，同化发展的趋势渐成，在发展中更加珍视历史传承，延续乡村文化脉络，守护乡村文化生态，留住美丽乡愁，具有重大的现实意义。

国家统计局数据显示，2000年我国还有360万个自然村，但到2010年，自然村减少到270万个。这就意味着，平均每天有将近250个自然村消失，而其中包含众多古村落。

专家指出，我们在改造传统农村社区、建设新型农村社区，实现农村“升级”的同时，必须努力保护乡村风貌、传承乡村文脉、留住乡村记忆、建设风情乡村，坚决防止把农村建得城不像城、乡不像乡、不伦不类。

资料来源：李慧．让美丽乡村更有“里子”[N]．光明日报，2017－11－11.

问题六　如何振兴乡村生态

坚持绿色发展，让良好生态成为乡村振兴支撑点

“厕所革命”在深化。李连成操着浓浓的河南口音回忆：“过去俺们村的厕所都是旱厕，冬天还好一些，特别是到了夏天，味大，苍蝇到处飞，这样的乡村生态当然不美。现在不一样了，经过多年不断地改厕，西辛庄村已经全部改旱厕为水厕，味道没了，苍蝇不见了。”

“小厕所，大民生”，农村厕所是乡村生态振兴中的短板。党中央高度重视农村“厕所革命”，2004～2013 年，中央累计投入 82.7 亿元，改造农村厕所 2103 万户，农村卫生厕所普及率达到了 74.09%。根据规划，到 2020 年全国农村卫生厕所普及率要达到 85%。目前，我国正在扎实实施农村人居环境整治三年行动计划，推进农村“厕所革命”，完善农村生活设施，打造农民安居乐业的美丽家园。

问到心目中的乡村生态振兴是个啥样子的时候，李连成说：“村子前面的小河干净了，山清了，绿色生态就是乡村振兴。”

乡村生态振兴，要落实生态发展理念。刘永好表示，美丽中国，要靠美丽乡村打底色，要落实节约优先、保护优先、自然恢复为主的方针，统筹山水林田湖草系统治理，加强农村突出环境

问题综合治理，严守生态保护红线，增强农业生态产品供给，提高农业生态服务能力，推进乡村自然资本加快增值。

要实施农业的绿色发展。中央深改组第三十七次会议审议通过《关于创新体制机制推进农业绿色发展的意见》，首次提出农业绿色发展“三不、两零、一全”的总体目标，就是耕地数量不减少、耕地质量不降低、地下水不超采，化肥、农药使用量零增长，秸秆、畜禽粪污、农膜等农业废弃物全利用。同时，从资源利用、产地环境、生态系统、绿色供给等方面，将总体目标细化为到2020年的具体目标和到2030年的远景目标。

宋洪远表示，乡村生态振兴要在农业主体功能与空间布局上下力气，建立农业生产力布局、农业资源环境保护利用管控、农业绿色循环低碳生产等制度和贫困地区农业绿色开发机制。要在资源保护与节约利用上下功夫，建立耕地轮作休耕、节约高效农业用水等制度，健全农业生物资源保护与利用体系。要在产地环境保护治理上完善制度，紧扣农业投入品和农业废弃物资源化利用问题，建立工业城镇污染向农业转移防控机制，健全化肥、农药等农业投入品减量使用制度，完善秸秆、畜禽粪污等资源化利用制度，建立废旧地膜和包装废弃物等回收处理制度。

资料来源：高云才．乡村振兴，五个方面都要强［N］．人民日报，2018-03-15.

一、生态宜居引领乡村振兴

实施乡村振兴战略，是党的十九大作出的重大决策部署，是决胜全面建成小康社会、全面建设社会主义现代化国家的重大历史任务。

要坚持绿色发展，加强农村突出环境问题综合治理，让良好生态成为乡村振兴支撑点。这一要求，体现了生态振兴在乡村振兴战略中的重要位置，为推动乡村生态振兴指明了方向，提供了遵循。

农村美不美、环境优不优、农民富不富，事关全面建成小康社会，事关广大农民根本福祉，事关农村社会文明和谐。生态宜居，是广大人民群众美好生活的民生需求，要深刻认识实施乡村生态振兴的重要性和必要性，坚持生态优先、绿色发展，扎实推进农村人居环境整治，加快农村“厕所革命”，完善农村生活设施，建设好生态宜居的美丽乡村，推动乡村振兴健康有序进行。

乡村生态振兴，要坚持生态发展理念。生态美、产业兴、百姓富，关键是要坚持绿色生产方式，调整农业结构、优化产业布局，因地制宜谋划好、发展好特色效益农业，推动农业产业与资源环境相互协调、相互促进；要坚持在保护中发展、在发展中保护，通过发展立体农业、乡村旅游、文化康养、体育健身等产业，不断开发生态产品，延伸产业链条，加快推进农村一二三产业融合发展，让绿水青山带来源源不断的金山银山；要坚持创新发展，加快推进农业供给侧结构性改革，大力发展村集体经济，统一规划、规范管理，坚决守好生态建设底线，严格控制化肥、农药的使用，着力构建绿色稳定可持续的生态系统。

乡村生态振兴，要加快建设美丽乡村。“绿树村边合，青山郭外斜。”乡村生态振兴为广大农村描绘了一幅可望可及的美丽画卷。要加强农村污水、垃圾、空气污染、噪音等突出环境问题综合治理，扎实实施农村人居环境整治三年行动计划，实事求是、精准施策，让农村环境整治的成果看得见、摸得着；要加快推进“厕所革命”，加大农村厕所建设力度，优化城乡布局，提高建设质量，完善管理制度，既方便服务群众，又不污染山体水系；要坚持以人民为中心，既尽力而为又量力而行，从人民群众反映最强烈、需求最迫切的问题入手，抓好抓实“河长制”、农村生活垃圾处理、村容村貌改造提升、乡村山水林田路房整体改造等重点工作，不脱离农村实际，不违背群众意愿，不搞“政绩工程”“形象工程”，持续改善农民生活条件，不断提升农民生活质量。

乡村生态振兴，要建立完善长效机制。生态振兴，是普惠的民生福祉，也是发展的深刻革命，要加大农村基础设施建设力度，高起点规划、高质量建设、高水平管理，让农村基础更实、环境更美、生态更优；要激发农民内生动力，发挥农民主体作用，建立完善村规民约，持续广泛宣传教育，调动广大农民积极性、主动性、创造性，强化自我管理、提升文明水平，把对美好生活的向往转为推动乡村生态振兴的动力，营造和谐、向上的文明社会新风尚，建设生态、美丽的安居乐业新农村。

“让农业成为有奔头的产业，让农民成为有吸引力的职业，让农村成为安居乐业的美丽家园”①。在乡村振兴号角全面吹响的今天，要深入贯彻落实党的十九大精神，以新时代中国特色社会主义思想为指导，切实增强责任感和使命感，以真抓实劲、敢抓狠劲、善抓巧劲、常抓韧劲，扎扎实实把各项工作抓到实处、向前推进，让广大农民在乡村振兴中有更多获得感幸福感。

【小资料】

农业农村污染防治存在哪些难点？

防治农业农村污染须进一步提高各地各部门的认识，有的放矢。以往各地在治污上存在范围上重城市、轻农村，模式上重点源、轻面源的现象。尽管农村人口密度相对小，环境容量相对大，但农业面源污染所产生的影响是多方面、深层次的。同时，我国

① 2018 年的《中共中央国务院关于实施乡村振兴战略的意见》。

地域广阔，各地农村面源污染种类、程度等情况千差万别，防治污染需摸清这些面源污染的现状，制定相应的分类管理制度，补齐治理技术、资金、人才短板。

畜禽粪污资源化利用乍一看是农业上的一个局部问题，实际上关乎现代农业全局发展。养殖业本身不够“绿”，就无法给土壤提供足够的有机质来防止土壤板结。有的地方因担心农村面源污染，一味限制生猪等养殖业发展，但缺乏有机肥，过量使用化肥，会造成土壤板结、有机质减少，影响农产品质量。

在发展畜禽养殖业的过程中，推行循环农业，不仅可以解决环境污染问题，还可以化害为利。实现产业良性循环发展，不能发展种植业的只管种植、发展养殖业的只管养殖，也不能简单地农牧结合、种养结合，而是要基于某一生产区域，考虑种植面积和养殖规模，协调发展各项产业，做到平衡配套、联动发展。

资料来源：乡村振兴，生态宜居是关键［EB/OL］. 新华网，http：//www. xinhuanet. com/politics/2018 –09/08/c_1123397673. htm.

二、绿水青山就是金山银山

绿水青山就是金山银山，生态宜居是实施乡村振兴战略的重大任务，落实节约优先、保护优先、自然恢复为主的方针，统筹山水林田湖草系统治理，严守生态保护红线，以绿色发展引领乡村振兴。那各地生态振兴是如何做的呢？

（一）江门——建设生态宜居美丽乡村①

如果说乡村振兴是一场“大会战”，那么生态宜居美丽乡村建

① 根据乡村动力网（http：//www. xiangcun. com/news/show –96. html）资料整理。

设，就是这场“大会战”里的第一场“攻坚战”，而“三清三拆三整治”则是吹响这场“攻坚战”的“号角”。

1. 大力整治人居环境。鹤山市共和镇来苏村，是著名的革命老区，是江门市社会主义新农村建设试点村，也是江门市启动“三清三拆三整治”的先行村。以“三清三拆三整治”为突破口，来苏村已经全面开展人居环境整治工作，整体布局生态宜居美丽乡村，先后投入800多万元，建设文化广场、文化综合楼、水上休闲公园、“一河两岸”绿化美化等民心工程，大大提高了村民生活环境，加快推进乡村振兴战略。

2018年9月，江门市在全域范围内推进开展“三清三拆三整治”农村环境整治工作，并在完成环境整治任务的基础上不断建立健全常态化管理机制。“三清三拆三整治”只是建设生态宜居美丽乡村的第一步。江门市在环境整治工作基础上，全域开展农村人居环境整治，分梯度、分类型创建干净整洁村、美丽宜居村、特色精品村。推动农村基础设施提档升级，重点推进“厕所革命”“四好农村路”、村道巷道硬化、饮水安全、垃圾污水处理设施等建设，逐步向自然村延伸覆盖，补齐农村基础设施建设短板。

2019年2月江门市人民政府印发《江门市全域推进农村人居环境整治建设生态宜居美丽乡村的总体方案》，部署开展“百村示范、千村创建、万村整治”生态宜居美丽乡村创建活动，按照基础整治期、巩固提升期两个阶段，力争用3年时间完成全市农村人居环境整治，用10年时间将全市纳入整治建设规划范围的1108个行政村（社区）全面建设成为生态宜居美丽乡村。

2. 让生态变成“摇钱树”。生态宜居美丽乡村建设，不仅改善了农村人居环境，更为乡村新业态的发展奠定了基础。如今的乡村已经出现了很多非农业的行业业态。农业旅游是现代农业新业态最突出的表现。2018年3月，历经两年多的打造，广东首个中国农业公园——台山中国农业公园正式开园，集聚了农业生产、观光休闲、生态保护、教育科普等功能，实现岭南稻作文化和侨乡文化的传承与繁荣，探索了文旅结合、三产融合的现代农业发展和乡村振兴“新模式”。其中，“禾海稻浪”水稻田文化主题园作为起步项目之一，被打造成广东首个水稻主题园，都斛“万亩农田”、台山大米因此声名大增。

不仅仅是台山中国农业公园，江门市还明确提出，要打造乡村旅游新路径，到2020年全市连线连片发展14条以上美丽乡村精品线路、培育50个乡村旅游示范村，让生态变成“摇钱树”、田园风光成为“聚宝盆”。培育岭南特色小镇，加快中信赤坎古镇和华侨城古劳水乡两大龙头旅游项目建设。

发展乡村旅游是实现乡村振兴的重要力量，要加快推动乡村旅游发展，编制乡村文化旅游资源目录，建设江门最美100个乡村，并沿片推动乡村旅游新业态开发。在乡村振兴大局中，旅游部门将把传统村落、美丽乡村、乡村民居、休闲农庄等作为工作重点，优化旅游业发展布局。

（二）湖南安乡县——打好生态牌，探索湖区振兴“安乡模式”①

湖南省常德市安乡县探索出一条因地制宜、科学合理的乡村振兴之路，为湖区乡村振兴树立了新标杆，亦形成可借鉴、可复制、可推广的“安乡模式”。

1. 打造“四水模式”。安乡县位于湖南省北部，建县于公元561年，至今已有1400多年历史，是闻名遐迩的“鱼米之乡”。近年来，安乡县结合自身条件，坚持“绿色发展　生态崛起”发展

① 根据乡村动力网（http：//www. xiangcun. com/news/show－96. html）资料整理。

理念，大力推广立体生态种养模式，不仅打造了“四水模式”，还形成了农业发展的生态“4 + X”，助力了美丽乡村建设和精准脱贫。

所谓“四水模式”就是发展四种带“水”的农作物，通过合理布局和科学搭配实现优质高产。目前，安乡有两种“四水”模式生态立体规模种植，分别为“水稻 + 水产 + 水生蔬菜（空心菜）+ 水果”和“水稻 + 水产 + 水生蔬菜（茭白）+ 瓜蒌（药材）”。

据汤家岗耕耘农作物农民专业合作社负责人介绍，采用“水稻 + 水产 + 水生蔬菜（空心菜）+ 水果”种养模式，可亩产稻谷600 公斤、龙虾 175 公斤、空心菜 125 公斤、水果 200 公斤，总产值约 8650 元/亩，成本约 2550 元/亩，纯收益约 6100 元/亩。

而安穗稻田种养农民专业合作社采用“水稻 + 水产 + 水生蔬菜（茭白）+ 瓜蒌（药材）”种养模式，可亩产稻谷 600 公斤、龙虾 200 公斤、茭白 400 公斤、瓜蒌 15 公斤，总产值约 9480 元/亩，成本约 2700 元/亩，纯收益约 6780 元/亩。

“四水”模式充分发挥了湖区自然区域优势，合理利用农田空间，集成多种农作物、水产的种养技术，从而实现了农户“一水四收”的愿望。除此之外，县里还形成了“稻田 +”“荷田 +”“蔬菜 +”“水产 +”的“4 + X”模式，政府引导、企业带动、市场推动，安乡生态农业蓬勃发展，生态立体种养总面积超过 30 万亩，年产值超过 20 亿元。

其中，以稻虾共生为主的“稻田 +”面积 12 万亩，四种“稻田 +”种养模式包括“稻鸭”共生、“稻虾”共生、“稻鳅”共生、“稻蛙”共生。“稻田 +”生态种养模式是实现农业提质增效的好途径，不仅拓宽了农民致富的好路子，还有力保护了自然环境。

同时，以莲鳅为主的“荷田 +”实现“莲鳅”共生、“莲虾”

共生、“莲鱼”共生。县里仙桃村整村流转土地发展3000亩“荷田+”基地，建成了高效农业园区、休闲旅游景区，“荷田+”生态种养投资回报高，该模式不仅美化了村民的居住环境，还帮助近2000个贫困户实现稳定脱贫。

安乡生态产业模式多、效益高，“4+X”模式被争相推广：“一田多用忙数钱，园区景区双建设，绿色增收创效益，创新产业拓发展。”

2. 打造“新型主体+农民+村集体”模式，破解用地难问题。安乡县农业跨步发展离不开对土地使用问题的有效解决。近年来，县委县政府及各部门通过争资争项，大力开展“引老乡、回故乡、建家乡”乡情招商活动，加快推进环境塑县战略实施，出台系列产业扶持政策，吸引了不少企业来县创新创业。

与此同时，企业在发展中对土地的使用提出了新的更高的要求。以往土地流转纠纷是投资者，特别是外地投资者感到很棘手的事。投资者宁愿承包租金高的连片土地，也不愿意接手租金低的“插花”丘块，更不愿意租赁麻烦不断的“纠纷土地”。

土地是财富之母，是农业最基本的生产资料，也是农民的“命根子”。如何破解“用地难”，解决企业的发展问题和担忧，又让农民得到实惠成为摆在各部门面前的一道“拦路虎”。

该县面对这一实际问题，在推进土地规模流转过程中，坚持乡村两级“流转+服务”、平台公司“规划+管理”、市场主体“投资+运营”的职能划分，主要采用“支部决定、党员表态、群众协议”的党建推动模式。同时，利用企业发展促进农民征收、保障农民就业，确保入股分红增收和订单兜底增收等。

截至目前，安乡县有经营面积上千亩的新型农业经营主体50多个，完成整村流转59个、整乡流转1个，土地流转面积约46万亩，占全县耕地面积的56.9%。该县主要瞄准农地流转中的四个难点问题创新机制、精准发力，实现了土地规模有序推进。

凡是进行了规模流转的村，县里相关涉农项目都有倾斜支持，不仅改善农户的生产生活条件，村集体的收益也稳定增加了。已整村流转的59个村，村集体收入比其他村平均高出6万元左右。据初步统计，凡是土地规模流转的村，农民的收入普遍要高，年人均可支配收入高出全县平均水平500元以上，新型主体、农民、村集体三方共赢格局已形成。

3. 打造新乡贤推动模式，梅家洲生态农业打开致富路。梅家洲村地处低洼地带，早年连年水淹，村民们纷纷外出打工，土地抛荒严重，是当地出了名的“穷地方”，而如今走进梅家洲，鸟语花香、山清水秀、人民安居乐业，通过引导先富带动后富，乡贤带动发展，梅家洲正积极从传统农业向现代生态农业转型。

2015年，玖源稻谷、有机鱼首次申请并获得有机产品转换认证书，玖源农业成立安乡县梅公园农作物有机种植合作社；2016年，建成玖源加工、存储中心，建设仓库1200平方米，引进先进设备；2017年，成立安乡县梅家洲生态旅游开发公司，打造一种新型的生态旅游投资合作模式，并建成玖源有机餐厅……

更值得一提的是，玖源农业的农产品可以通过溯源系统看到农产品生长的地理环境等相关信息。公司总经理张妹表示，目前公司生产的有机产品价格要高于市场上的普通产品，但是仍然受到了消费者们的喜爱，市场上对有机、健康、绿色产品的需求越来越高。

看到有机水稻的前景，不少农民心里直痒痒。为带动农民致富，该村采取“公司＋农户”的订单农业模式，大力发展有机水稻，农民与企业签订合同，由村委会组织村民统一选种、统一育苗、统一管理、统一收割，企业提供技术指导、收购和销售服务。目前，已有百余农户与玖源公司签订了订单种植合同，有机水稻逐渐成为农民增收致富的新门路。

【小资料】

注重生态宜居，描画美丽田园

沿着南京市江宁区乡村旅游道一路前行，放眼望去群山环抱、鹭鸟翻飞，大片的玫瑰花田和彩叶苗圃在冬日的暖阳映照下浓烈喜庆，游人们或垂钓，或品茗，或骑车。“溪田公司一来，我们就在家门口上班。”江宁农民吴世忠说。像他这样的职业农民已有两三百人，月收入 2000 元以上。田园综合体全部建成后，能容纳 2000 名劳动力就业。

地还是这片地，“田”已不是那片田。在美丽乡村建设的基础上，打造田园综合体，发展文化旅游产业，成为乡村振兴中的新探索。

“乡村振兴战略”的五大要求的表述中，首次出现了“生态宜居”这个词语，这不仅预示着未来农业发展方针的变化，也预示着农业转型发展的方向。乡村振兴的道路或许不是传统振兴之路，而是坚持绿色可持续发展的康庄大道。

农业农村是全面建成小康社会的短板，农业农村优先发展特别是绿色发展，在新时代越来越迫切。要清醒看到，当前农业依靠资源消耗的粗放经营方式没有根本改变，环境污染和生态退化的趋势尚未有效遏制，绿色优质农产品和生态产品供给还不能满足人民群众日益增长的需求。未来发展，农业绿色发展是基石。

城镇化改变了人们的居住方式，6 亿多人住进了城市中的单元楼，居住密度大，活动空间小，逃出城市的愿望越来越强烈，对农村的向往和需求越来越大，这就要求农业不仅仅给城镇人口提供商品性农产品，还要提供休闲、娱乐、恢复体力、净化身心的服务。于是，休闲农业、养老农业、体验农业、城市阳台农业等新的农业发展模式迅速出现。

美好的"田园"是我国古代人们向往的理想空间。实施乡村振兴战略，让农业经营有效益，让农业成为有奔头的产业，让农民成为体面的职业，让农村成为安居乐业的美丽家园，必须着眼于"新田园时代"背景，在城乡融合发展中创造"现代田园"。

与城市化建设相比，农村文化发展滞后已成为全面建成小康社会的突出短板。建设美丽乡村，必须补齐文化建设这个"短板"。要挖掘农村文脉，坚持以文化人，把丰富农民精神文化生活作为美丽乡村建设的重要内容，大力完善农村基本公共文化服务，大力培育和传播乡贤文化，大力活跃农村群众文化，以美丽乡村建设扮靓美丽中国。

事实上，在田园综合体概念提出前，中国乡村最近10年已历经三次大规模建设，历经新农村改造、美丽乡村、特色小镇3个阶段。

田园综合体是继特色小镇之后提出来的新概念。归纳起来，可以把新农村改造叫2.0，美丽乡村叫3.0，特色小镇叫3.5，田园综合体是4.0版。我们真正要走的是一条农民、农村、农业协同发展的乡村现代化道路。乡村振兴需要什么样的主体来实施，如何吸引这些主体进入乡村、留在乡村，是首先必须要弄清楚的问题。

资料来源：李慧．让美丽乡村更有"里子"[N]．光明日报，2017-11-11.

三、把脉城乡融合，展现质朴美感

城乡融合关乎超过我国半数以上人群的切身利益，关乎国家的安定团结和中华民族的伟大复兴。《关于建立健全城乡融合发展体制机制和政策体系的意见》（以下简称《意见》）为城乡融合定了调，如何拿捏好分寸平稳有序推进？

（一）城乡融合要有“立”有“破”

推进城乡融合发展，要有“立”有“破”。“立”就是建立健全城乡发展的体制机制。“立”的办法，主要措施手段就是政策要求、政策支持、政策鼓励，就是搭建制度框架。以城乡人口要素流动为例，就人口进城这一个方向而言，就要加大力度，放宽放开农业转移人口进城落户限制，要求、支持与鼓励各级政府、企业和个人共同建立成本分担机制，保证进城人口能享受到基本公共服务；就人口入乡这一方向而言，就是要制定财政、金融、社会保障等多种政策，吸引各类人才返乡创业、兴业、建业。推进城乡融合发展，需要充分运用“立”的办法，列出正面工作清单。“立”的方向完整准确地体现了国家对于城乡要素流动、资源公平合理配置的政策要求。政府部门发挥主导或引导作用，实实在在投入资源，通过“立”搭建起城乡融合政策的“四梁八柱”。从中外经验来看，城乡发展涉及公平正义某些方面的要求，必须依靠政府来“立”，单靠市场机制无法达到预期的目标。

推进城乡融合发展，还要凭借“破”的办法，要下大力气消除阻碍城乡融合发展的体制壁垒。

从要素的本质属性来看，人才、劳动力、资金、土地等要素天然地知道流向哪里。农业人口知道进城，城里人知道下乡，其实这是人们的理性选择。过去大量农业转移人口要进城，是因为一些大城市、特大城市的政策设置了许多苛刻条件，增加了落户的难度。同样，当前城里人因投资、经商、养老愿意下乡入乡，也因为乡村的人才加入有许多障碍，导致下乡不易。城乡融合政策所要做的工作，就是顺应这种选择，帮助拆除阻碍流动的各种有形墙、隐性墙。

从城乡融合发展的现状来看，自党的十八大以来，我国在城乡融合发展方面已经取得了显著成绩。但受制于城乡二元管理体制，城乡要素流动不畅、不充分的问题还没有解决。阻碍城乡要素流动的原因，主要是部分领域有“墙垛”、部分地段有“堵点”、部分水面有“礁石”、部分管道有“栓塞”。城乡融合方面的政策重点，就应该是聚焦这些搬墙垛、移堵点、搬礁石、清栓塞，这些工作就是“破”。

从“立”也即鼓励性政策多年运用来看，其效果需要具体分析。有的鼓励性政策没有政策实质性支持，光凭倡导效果不大；有的鼓励性政策动用了过多的政策资源，对市场有挤出效应；有的鼓励性政策过度使用，影响了城乡融合发展内在机制的形成；还有一类鼓励性政策，在少数地方变成了形式主义，甚至搞成“运动”，地方干部群众非常反感。这些问题说明，鼓励性政策很重要，但需要合理界定其范围和限度。

（二）城乡融合要以稳定为前提

《意见》既涉及户籍制度改革，还涉及土地制度改革，都事关占中国人口总量一半以上的农民的利益。他们的绝大部分是中低收入人口，他们也是改革开放的受益者。对于他们来说，改革是雪中送炭。比如说，在一些城市，城镇户籍居民已经形成了一个稳定的利益群体。对他们来说，户籍管理制度改革的政策可能带来更多的是未来福利增长的速度会因为人口的增加而放缓。而对于农村转移人口来说，从进城就业到定居落户可能得到更多的是新增收益。

如何缓解这类社会矛盾，需要在推进改革过程中审慎处理。但是从长期来看，新增的人口会增加城市的活力，带来更多的就业机会，会为城市的增长释放潜力，也会使城镇的所有居民都得到更多的预期收益。道理讲通了，矛盾就会小很多，稳定的社会结构就不会发生变化。从国际上看，中等收入陷阱和城市化过程中人口的贫困、疾病、公共卫生、社会问题都有关。一些发展中国家由于不能很好地处理稳定和发展间的关系，最后导致经济发展的失败，全体国民都要因此而承受代价。所以，强调发展与稳定的关系尤为重要，选择改革的时机也尤为重要。

（三）城乡融合要把握好“四性”

1. 把握城乡发展空间的统一性。解决城乡发展不平衡，是着力解决当前我国社会主要矛盾的题中应有之义。解决城乡发展不平衡问题，就要补齐农村发展短板，摒弃单向农村服务于城市、农业服务于工业的做法，而是建立城乡融合发展一盘棋的新理念，在经济建设、政治建设、文化建设、社会建设、生态文明建设和党的建设上加大对农村的支持力度，着重促进农村发展。同时，党的十九大提出了实现“两个一百年”的奋斗目标，农业农村现代化也是国家现代化的重要组成部分和基础支撑，只有从空间上把城乡都发展好，才能确保城和乡一道如期完成全面建成小康社会并向第二个百年目标迈进。

2. 把握融合发展方法的创新性。实现城乡融合发展，要在体制机制和政策体系上谋创新，在人、地、物上下功夫，依靠创新来推动。首先，要建立新的体制机制，保障城乡居民享有权益。其次，要探索创新各项制度，释放改革动能。各地在稳定农村基本经营制度基础上，根据实际，推进农村土地制度改革、农村集体产权制度改革、农垦改革等各项改革，同时鼓励地方创新，尊重基层创造，为城乡融合打下制度基础。最后，在改革基础上建立新的运行机制，营造融合发展的氛围。通过破除制度壁垒，畅通资源要素进城下乡的通道，让城乡各类资源能够互通有无，实现城乡资源要素合作经营，为城乡融合发展打下基础。

3. 把握城乡融合发展资源的互补性。城市、乡村各有资源禀赋，各具优势。要坚持以工补农、以城带乡，推动形成工农互促、城乡互补、全面融合、共同繁荣的新型工农城乡关系。一般而言，城市在资金实力、生产技术、经营理念等方面比农村更胜一筹，但农村也有着广阔肥沃的土地、良好的生态环境以及绵延几千年的农耕文明等优势。只有充分发挥城市和乡村的优势，认识并利用好乡村的经济价值、生态价值、社会价值和文化价值等，运用现代信息技术、新的经营方法促进农村一二三产业的深度融合，不断丰富其模式，使农村广大土地上的现代农业、乡村休闲旅游、文化体验、养生养老、农村电商、服务加工等呈现蓬勃发展之势，才能真正迎来城乡融合发展的春天。

4. 把握融合发展过程的长期性。城乡融合发展是一个长期的过程，党的十六大就提出了统筹城乡经济社会发展的要求，随后，城乡发展一体化也取得了巨大成就，农民收入增加，城乡居民医疗和养老制度开始并轨。然而，城乡各方面差距仍然较大。我国有13亿多人口，目前农村居住人口近6亿，即使城镇化发展进一步提高，但从长远看仍然会有几亿人生活在农村，做好城乡融合工作不可或缺。

【小资料】

城乡融合助力乡村生态振兴

初冬的无锡田园东方蜜桃村田园东方，连片的桃园已过收获季节，成片的草坪上孩子在欢乐嬉戏。“党的十九大报告提出要实施乡村振兴战略，这让我们充满信心，今后要在农村广阔天地更多施展手脚，勇敢作为。”张诚告诉记者，由水蜜桃产业到赏桃花来致富一群人、打造一座城，田园东方致力于把水蜜桃的文章做美做活，打造农村一二三产业融合发展的典范。

在新发展理念指引下，张诚提出了自己的乡村发展新主张，并将其命名为创意乡村。在他看来，乡村未来发展应涵盖“新农民、新农村、新农业”三大方面，其中至关重要的一点是，新农民应发挥主导作用，应秉持融合发展的新理念。

党的十九大报告首次提出“城乡融合”，而不是往常讲的城乡统筹，恰恰体现了观念上的重大转变。城乡统筹更侧重于政府行为，指导资源配置；而城乡融合则更多地体现市场力量的参与，充分发挥市场对资源配置的决定性作用。

从城乡统筹到城乡融合，城市与乡村的关系在调整，对于乡村地位的关注在延续。社会学家费孝通在他的《乡土中国》一书中，将中国社会性质断定为乡土社会，为众多学者所赞同。在中国农业大学农民问题研究所所长朱启臻教授看来，构成中国乡土社会的基础单元就是乡村。然而，延续几千年的乡村正在经历前所未有的变化，乡村的何去何从，也从未像今天这样引发社会的关注和思考。

新农村建设要把乡村建设得更像乡村，要在乡村和城市差异的基础上实现城乡功能的互补。以此为依托，农业的功能也得到进一步拓展。从目前来看，国内外学者对农业的多功能划分并不完全统一，但总结起来无外乎有经济功能、社会功能、生态功能、文化休闲功能。

实践证明，只有一二三产业有机融合，二三产业实现的高附加值才能让农业生产经营主体参与分配，才能拓宽农业发展空间。农业具有多功能性，而促进农村一二三产业融合发展将成为乡村振兴的基础。实现城乡融合既要注重物质投入的硬件建设，更要重视提高乡村人口素质的软件建设，包括乡村基础教育、职业教育、就业培训、培智扶志等。

新时期亟须建立全覆盖的乡村教育培训体系，健全国家管治、城乡同治、村民自治的多层次乡村治理体系。要加快建设“人的新农村”，提升民众自觉学习意识、创业意愿，培养造就适应现代农业发展、新兴产业振兴、美丽乡村建设要求的新型职业农民。

资料来源：李慧．让美丽乡村更有“里子”[N]．光明日报，2017－11－11.

四、优化空间布局，乡村重焕生机

乡村公共空间有着人流集聚与活动滞留的特性，是乡村识别性最强的场所，也是乡村乡土特色的体现。河流、古树、庭院、街巷、晒场、老戏台、祠堂等是乡村空间重要的组成部分。乡村整治规划是优化空间布局，整治脏乱差的空间和建筑，使乡村重焕生机。

1. 滨水空间。乡村水系中最为常见的是水塘、河流、沟渠和古井，村民的生活轨迹与之交错，具有防洪排涝、农业灌溉、生物栖息与休闲游憩等生态功能，是村民洗衣、洗菜、洗澡等生产、生活、交流空间。水系整治，以自然生态修复为主。对于河流整治，处理好水系、植物、驳岸和生产设施间的关系，在河流两侧适当设置四季皆宜的阶梯式亲水驳岸，满足村民亲水的心理和生活需求；对于水塘整治，配置乡土植物并结合鱼类的养殖，在满足实用性的基础上增强趣味性和观赏性，塑造乡村特色性植物群落景观，形成具有吸引力的景观点；对于沟渠整治，在起到其排水、灌溉功能的前提下，利用园林造景手段，丰富沟渠景观，传承历史文化风貌；对于古井而言，要保证周边无污染企业，保障水源的安全无污染。

2. 庭院空间。庭院是半私密空间，乡村院落间彼此依靠、互为依存，大多院落呈现开放式或半围合式，体现了村民邻里互助、守护相望的生活氛围。庭院整治，既可将有代表性的农作生产工具布置在庭院中，营造具有当地农耕文化与农耕活动氛围的景观，又可种植枣树、杏树、石榴树等实用型果树，并结合园艺小品和观赏性花卉种植，美化庭院环境。

3. 街巷空间。对于沿道路、河流发展演变成的带状村庄来说，街巷空间的更新改造显得尤为重要。街巷空间改造需保留原有格局的空间尺度，做好入口广场设计，协调好两边建筑立面、屋顶的材质、色彩和风格，拆除超高超大违章建筑，保持原有街巷空间的生活韵味。

4. 古树名木。古树是村庄的根，是公共交流空间，也是买卖赶集的商业空间。古树作为村民日常乘凉休憩的场所，整治重点便是就地保护古树，设置适宜的休憩座椅，供村民聊天、下棋、读书看报之用。

5. 晒场。晒场作为秋收时节的见证者，是孩子们日常嬉戏与夜晚播放室外电影的娱乐空间。村民的庭院空间有时会被作为晒场，同时部分农民住房为两层半的建筑设计，使村民在三楼拥有半层晒场空间。晒场空间主要表现为空旷的露天活动场地，因此晒场的维护便是保证晒场的开放空旷，防止植物、设施等遮挡晒场。

6. 戏台。老戏台是地域文化的延伸物态，是各种节庆活动的举办场所，是乡村重要的文化空间。老戏台空间宜植入活动演出，充分利用历史建筑的文化记忆，唤起村民的情感归属，使其成为能讲故事且具有认知性的场所。

7. 祠堂。祭祀祖先为祠堂的基本功能，而以同宗同族为代表的宗祠文化是村民获得归属感的重要媒介。祠堂空间作为信仰空间，能让身在异乡的宗亲记得住乡愁，能提高乡村的凝聚力和亲和力，有利于乡风文明建设。祠堂应在节假日举办特色的乡村活动，加深村民间的感情交流，增强村民对乡村的认同感与归属感。

总之，美丽乡村建设、乡村振兴和乡村建设要在生态优先、保护第一的基础上，真正把美丽、生态、文化、风景变成产品、变成生产力、变成财富，也就是把绿水青山变成金山银山。这样的美丽乡村、乡村振兴和乡村建设才是可持续的、有生命力的。美丽乡村如果要全靠政府输血肯定是不行的，一定要培育其造血的功能。

在先进地区学习时，千万不能走马观花，学习其表面的东西，一定要同操盘手座谈、交流、互动，这样才能取到真经。之后，一定要结合当地实际，因地制宜，活学活用。根据当地气候、土壤、地貌、民族风情等选择适合于自己的模式，走出一条适合于自己的道路。

问题七　如何振兴乡村组织

抓牢“第一书记”，培育乡村振兴“领头羊”

近年来，随着乡村振兴战略的实施，越来越多的第一书记入驻农村，扎根基层，负责基层党组织工作，成为乡村振兴发展的主心骨、带头人。2018年“中央一号文件”专门强调，各级党委和政府要提高对实施乡村振兴战略重大意义的认识，真正把实施乡村振兴战略摆在优先位置，把党管农村工作的要求落到实处。

农村富不富，关键看支部；支部强不强，关键看“头羊”。乡村振兴离不开基层党组织，广大党员要发挥战斗堡垒和先锋模范作用。驻村第一书记是村级党组织建设的组织者，是群众脱贫致富奔小康的领路人，实施乡村振兴战略，第一书记要勇于扛起责任、提起“精气神”，着力发挥“领头羊”的关键作用。

二十一世纪最宝贵的是人才。当今社会经济的竞争，主要就是人才资源的竞争。同样的道理，乡村振兴离不开人才资源，甚至比任何时候都更需要人才资源，不仅要想尽办法将人才留下来，促进乡村人才回流，吸引外部人才流入，还要搭建大舞台，实现人尽其才，发挥出最大的人才能量，为乡村振兴作出卓越贡献。

在汇聚人才资源方面，乡村基层党组织大有可为。打造战斗力强的基层组织，需要做事能力强的人，引领大家共同奋斗顽强拼搏，探索乡村振兴发展模式。改革开放40年的经验证明，很多农村致富能人、农民企业家具备超前的发展思维，敢想敢干，把他们吸收进基层党组织，发挥自身强项，就能达到事半功倍的效果。

要培育富有地方特色和时代精神的新乡贤文化，积极引导发挥新乡贤在乡村振兴，特别是在乡村治理中的积极作用。需要建立激励机制，吸引企业家、党政干部、专家学者、技能人才、退休教师等，通过下乡担任志愿者、投资兴业、包村包项目、捐资捐物、乡村助教等方式，共同参与乡村振兴的光荣事业。

资料来源：娄海波．推进组织振兴以基层党建促乡村振兴［N］．光明日报，2018-08-23.

“群雁要靠头雁领”，建立健全党委领导、政府负责、社会协同、公共参与、法治保障的现代乡村社会治理体制，确保乡村社会充满活力、安定有序，乡村党组织就是主心骨。各种乡村组织是党和政府联系广大农民群众的桥梁和纽带，是实施乡村振兴战略的重要支撑。提升乡村社会治理水平，必须不断完善乡村组织体系，健全乡村组织体系的体制机制，提升乡村组织体系的活力。与乡村振兴战略要求相比，我国乡村基层组织体系尚不完善，还存在基层党组织社会治理能力弱、基层组织间关系尚未理顺、乡村基层组织对经济发展的引领力不足、乡村“空心化”带来自治主体缺失和“富人治村”现象并存、基层组织的公共精神塑造能力不强等问题。未来，要始终坚持党在乡村社会治理中的领导核心地位，发挥好乡村基层党组织领导和协调的作用，形成党委领导、政府负责、社会协同、公众参与、法治保障的乡村治理体制，发挥多元治理主体的强大合力，不断为乡村社会治理和乡村振兴提供坚强组织保证。

一、组织振兴是乡村振兴的动力引擎

实施乡村振兴战略，是党的十九大作出的重大决策部署，是全面建成小康社会、全面建设社会主义现代化国家的历史任务，是新时代“三农”工作的总抓手。2018 年全国两会期间，习近平总书记在参加山东代表团审议时就指出，要推动乡村组织振兴，打造千千万万个坚强的农村基层党组织，培养千千万万名优秀的农村基层党组织书记。乡村振兴关键是组织要振兴，以加强农村党建为主抓手，引领乡村全面振兴。

（一）基层党组织是实施乡村振兴战略的“主心骨”

1. 乡村振兴离不开农村基层党组织的引领带动。习近平总书记指出，要推动乡村组织振兴，打造千千万万个坚强的农村基层党组织，培养千千万万名优秀的农村基层党组织书记，深化村民自治实践，发展农民合作经济组织，建立健全党委领导、政府负责、社会协同、公众参与、法治保障的现代乡村社会治理体制，确保乡村社会充满活力、安定有序。[①] 基层党组织在乡村振兴战略实施过程中要充分发挥引领作用。实践证明，乡村要振兴，组织必须强，党支部必须强。唯如此，才能号召一村人，凝聚一条心，开创实实在在的事业。

2. 一支坚强并具备号召力的党员干部队伍是实施乡村振兴战略的根本保障。党员就是形象，就是旗帜。乡村振兴离不开党员干部的实干担当精神。党员干部带头做到事不避难、敢为人先、主动作为、艰苦奋斗。只有这样才能感染村民。每一名党员在筑

---

① 人民网，http：//theory. people. com. cn/n1/2018/1105/c40531 –30381515. html。

路、修田、植绿、引水的一件件实事中，做得多、说得少、干得实，以身体力行树起了形象，树起了党员干部的引领力、实干力、影响力。一个乡村的发展，需要的就是为民情怀和身体力行，以组织振兴推动乡村振兴，党员作用的发挥至关重要。

3. 乡村振兴，村村不同，基层党组织选对路径很重要。实施乡村振兴战略，平原地区与深山老区情况千差万别，经济发展较好区域与特别贫困地区截然不同，能否实现振兴，关键在于基层党组织能否实事求是，把握好自身发展的规律和路径。基层党组织必须辩证地看待优势劣势，认识到做好大山文章是激活产业的有效途径，充分挖掘现有资源，不断将其变成有效益的资产。

4. 实施乡村振兴战略需要各级党组织的坚定支持。实现新时代乡村振兴，必须增强各级党组织的政治领导力，着力发挥党集中力量办大事的政治优势，把党的全面领导落实到乡村振兴战略实施过程中，把党的主张变为各级党组织和干部群众的实际行动。只有各级党组织真正关注乡村、关爱乡村、关心乡村，才能形成乡村振兴的强大合力，共同为着一个目标努力奋进。乡村振兴，既要组织引领带头干，又要组织保障多方帮，这是现实写照，也是必由路径。

（二）乡村组织振兴的方向与思路

1. 集中精力建设一支素质高、能力强的骨干队伍。选优配强村党组织书记，应打破城乡、地域、行业、身份界限，注重从优秀大学生村官、农村致富带头人、外出务工经商人员、复员退伍军人和在外工作的退休干部职工、乡村教师、乡村医生中培养选拔村党组织书记。对产业相近、风俗相同、关系融洽的相邻村，安排优秀党组织书记实行跨村任职兼职。同时，精心培养村级后备干部，抓好农村党员发展管理工作，为农村基层组织建设培养后备骨干力量。

2. 下大力气推动村级组织经费和村干部报酬待遇落实。加大村级办公经费保障力度，根据经济社会发展情况，及时提高保障标准，让村党组织有能力、有底气为群众办事。进一步提高村干部的任职补贴标准，并随财政经常性收入的增长适时调整，通过建立科学绩效考核体系，挂钩村级集体收益，调动村干部工作积极性，通过待遇保障确保优秀人才留得住。健全农村党内关怀帮扶激励机制，加大对农村生活困难党员、老党员的帮扶救助，积极解决实际困难，让基层党组织有温度。

3. 着眼长远建立农村基层党组织高效运行长效机制。强化农村基层党建责任，不断深化乡镇党委书记抓农村基层党建问题清单、任务清单、责任清单工作制度，深入开展述职评议考核，推动党建工作责任落实，切实形成“书记抓、抓书记”的长效机制。严格落实组织生活制度，切实把“三会一课”、组织生活会、党性分析、民主评议党员等基本制度落实好，把最基本的纪律规矩执行好。将村干部充电提能培训制度化，采取多种形式，注重对村干部进行党的纪律和规矩、现代农业、市场经济、法律法规、实用技术以及民主管理、服务群众等方面知识技能的培训，不断提高村干部的思想政治素质和发展经济、服务群众的能力。

总之，乡村振兴是一项长期的系统工程，强化农村党建工作，夯实党的执政之基是重头戏，在新时代，农村党组织的组织力、凝聚力要更上新台阶，树立新形象，适应新形势，谋求新发展，突破新局面，才能带领农民群众在乡村振兴大道上大步前行。

【小资料】

后池村党支部带领村民修路致富

后池村位于涉县东部，距县城51公里，距乡政府驻地16.2公里，自然条件艰苦，全村365户1200口人，916亩梯田，石多地少，收入低下，曾经是典型的穷山村。两年前，在村党支部的带领下，村里百余位老人钎凿锤击义务修建了六千米致富路，其事不避难、敢为人先、主动作为、艰苦奋斗的精神被称为“新愚公精神”。

村子富不富，关键看支部。为统一全村思想，凝聚全民共识，村支部书记刘留根带领党员干部，先后到邢台前南峪、栾卸等村以及广西龙胜梯田考察学习。全村召开“两委”干部大会，确定用三年时间，做好“路、绿、教、富”四篇文章，彻底改变后池村贫困落后现状。目标一出，全村振奋，一场与贫困“掰手腕”的战役就此打响。后池村最大的优势就在于有一支干事创业、能够吃苦、勇于奉献的党员干部队伍。

带头修筑通山路，深山有了“新愚公”。要想富，先修路。后池村四面环山，山路崎岖，祖祖辈辈上山耕种，运送农具、肥料和收获农作物只能靠肩挑背扛。2015年隆冬，在党支部的带领下，后池百余名群众自发上山义务修路，硬是用三个月时间在深山沟里修建了一条6千余米的通山路。正是党员干部的带头作用，激发了乡亲们的修路热情。

千辛万苦种绿树，把发展劣势转化为生态优势。2016年，在村党支部的引领下，在市县林业部门的大力支持和帮助下，后池村老少掀起了修路之后的又一场战役——造林绿化。三个多月时间，硬是从石头缝里刨下育林坑70余万个，种植侧柏70余万棵，打造了“山顶松柏戴帽、山间经济林缠腰、沟底林药结合”的绿化格局。

勠力同心修梯田，筑实乡村振兴根基。2016年5月，后池村党支部下了“开荒令”——桃花山上所有未开垦的荒地，要求村民限期开垦。今年正月初四，后池村男女老少和回家过年的大学生，扛着工具，拉着大锅，背着干粮，浩浩荡荡开进大山。从县城返村的在外人员也陆续赶到，在桃花山下来了个“集体大拜年”，随后便投入到火热的劳动中。

“一个家，一个梦，一起拼，一定赢”，这句镌刻在后池村永安阁上的口号培树了后池“新愚公精神”，成为后池村党员干部群众的自觉行动，更成为全市人民的一笔宝贵精神财富。

资料来源：中共邯郸市委研究室，市农工委联合调研组．组织振兴是乡村振兴的动力引擎——对后池村在新愚公精神激励下实施乡村振兴战略的探索与思考［N］．人民网－市场报，2018－11－15.

二、乡村组织振兴的实现路径

加强农村基层党建，是推动乡村振兴的固本之举。要确保乡村社会充满活力、安定有序，就要打造千千万万个坚强的农村基层党组织，培养千千万万名优秀的农村基层党组织书记，建立健全现代乡村社会治理体制。

（一）乡村组织振兴，选人用人很重要

乡村振兴，关键就是人的因素。村集体经济强不强，村民富不富，环境美不美，取决于班子强不强。同样立地条件的村庄，之所以发展上有区别就是班子有区别。当前，村班子的配备有两种途径：一是党员群众换届推选；二是组织考察按程序任命。这虽然合法、合理、合规，但部分人才仍被挡在门外。所以，首要之事就是探索干部任用新模式、新渠道、新标准。

乡村组织振兴，选人用人很重要。“扶持钱和物，不如培养一个好支部”。选好了人，搭好了班子，就要让村“两委”班子团结起来，把党员干部队伍建设好，才能带领群众致富谋发展。为此，

乡村组织振兴应不断加强村班子的凝聚力和战斗力，坚持标准发展新党员；党员在工作中亮身份、亮责任，言行接受群众监督；建立科学的议事制度、监督机制等。

党建工作全覆盖，决策才能有人带，办事才会效率快。目前，开展“主题党日”是有效的学习交流平台。但要使党员、群众能积极参与乡村振兴，党建内容应逐渐丰富，形式也要不断创新。同时，更要调动群众的积极性，把群众对美好生活的向往转化为推动乡村振兴的动力，形成乡村振兴的强大合力。

（二）乡村组织振兴的具体措施

合理地划分片区，实施小村整合建联合党总支，抱团发展应该提上日程。片区的划分可以按资源分类、立地条件、优差结合、历史延续等，做好充分的调研，合理地划分发展区域。拿户部乡来说，可以以搬迁村庄为中心，整合周边村庄发展乡村民俗旅游，以樱桃产业规划村为中心，整合周边村庄发展林果经济。

创新村班子选配形式。当前农村干部普遍老龄化、低学历，这是制约乡村振兴的核心因素。要配强村干部，一是增设主抓经济发展村干部。在经济薄弱村，增设一个职位，通过党委考察，群众公推公选，让有能力、主动干事、敢于干事的产业能人、致富能手任职，主抓经济发展。二是聘请企业负责人在乡村任职。村企联合发展是有效的发展手段，一个企业能带动一个村，甚至一个乡镇，考察部分政治素质高的优秀企业家挂职村干部，也极有利于乡村振兴。三是“第一书记”的选配有针对性，并提高待遇。经过几轮的“第一书记”帮扶，有些村确实发生了大变化，在以后“第一书记”的选配上，要有更严格的标准，重点从经济、旅游、农业等部门选拔，签订任期责任状，提高政治、经济、生活待遇，使他们切实安心服务于村庄发展。

乡村干部培训要实用化。目前乡村干部的培训方式主要还是被动性，县里提出分配培训名额至乡镇，欠缺实用性和紧缺性。关于培训建议，一是“变被动”式为“点菜式”，由乡镇每季度提报培训题目、人数，县里统一下乡培训或集中培训。二是选拔部分优秀村干部到先进村挂职锻炼，亲身体验发展思路和模式，避免培训走马观花。三是培训实行结业制，不合格人员重新回炉，并加强互联网知识的培训，与时代接轨。

创新服务搭好平台。打造好了乡村振兴“冲锋队”还要做好服务保障。服务平台的搭建分县、乡、村三个层面。县级层面，要建立服务综合体，整合农业、招商、司法、住建等部门力量，实行一站式服务，为乡村振兴提供强力保障。乡级层面，从群众对支部的满意度、村庄稳定、集体经济增收、产业发展等方面制定奖惩激励机制，营造能“干事者有其位，不干事者让其位”的氛围。村级层面，从每月一次的主题党日，逐步拓展为红色主题教育、党建线上学习交流等，村民、党员共同学，丰富党建内容，创新党建形式，干群形成合力。不断推进“三务”公开，让村民们全都参与到村里大小事儿中来，没有局外人，没有旁观者，发动村民，激发建设热情。

给乡村干部“减负”“提神”。乡村干部的本职工作是服务。但是，当前县乡权责不清晰造成乡村干部非服务性职责繁多，疲于应付。因此应该从以下几个方面进行改进：一是县级以上业务部门，把本应承担的调研、规划、指导等功能担起来，不能遥控指挥，扑下身子为乡村服务。二是取消繁多的考核指标和不必要的观摩，给乡村两级“松绑”，能够全身心投入党的建设和产业发展。三是提高乡村干部待遇，打破城乡壁垒，加大城乡干部交流任职，让基层能留住人、培养出人。

（三）乡村组织振兴离不开多方协调配合

乡村组织振兴是一项系统工程，组织强则乡村兴，这需要统筹有力、上下联动、协力合作。

民政部门要对村庄合并工作进行详细摸底调研，借鉴外地经验，与乡镇对地理位置相邻的村、产业相近的村、资源优势互补的村进行梳理，拿出实施方案，为创新党组织设置方式，强化党组织号召力、战斗力，做好融合发展提供基础。

组织部门要在“人”这个核心因素上再深入研究、加大创新。从党员发展标准流程、村干部选任管理培养、“第一书记”择优配备、党性教育内容形式等方面进行一系列改革创新，让能人脱颖而出，让党员干部凝心聚力、充满活力。

农业经济部门要沉下去，把工作扎根于乡村，制定面对乡村的服务计划，发挥业务部门的优势，主动对接乡村，做好政策的宣传、产业的指导、服务的提供。

综合机关部门，所谓综合机关是指成立乡村振兴专门工作机构，整合有关部门，为乡村振兴提供土地、招商、维稳、法律、建设等全方位支持，限时办结，“一条龙”服务，彻底解决“门好进、脸好看、事仍难办”的问题。

乡镇村庄一级，作为乡村组织振兴的“主战场”更要沉下心来，以“功成不必在我”的工作态度，做好发展长远规划、政策宣传引导、党员队伍管理、群众思想解放、工作有效落实，承上启下，推进乡村振兴。

【小资料】

寻甸县乡村组织振兴措施

寻甸县作为全市脱贫攻坚主战场之一，坚持把农村基层党建工作重心转移到为脱贫攻坚凝聚人心、汇集力量、夯实基础上来，2018年9月成功摘掉贫困县的帽子，并被授予全国脱贫攻坚组织创新奖。

一是管好龙头，压实党建责任不松劲。围绕“明责”“考责”“问责”，形成主体明确、职责清晰，上下衔接、环环相扣的党建责任落实体系，把党委的主体责任、书记的第一责任、班子成员的共管责任、党务工作者的具体责任，以项目化管理、清单制落实推动党建责任落实。切实抓好“两学一做”学习教育常态化制度化、“不忘初心、牢记使命”主题教育先学先改，以习近平新时代中国特色社会主义思想教育引导广大党员干部树牢“四个意识”、坚定“四个自信”、坚决做到“两个维护”。把党建与脱贫的目标融合贯穿，制定方案，细化措施，形成了党建引领、凝心聚力摘“穷帽”的合力。

二是夯实基础，围绕组织力提升不偏离。以提升农村基层党组织组织力为重点，全面推进基层党建各项任务落实。挂牌成立乡镇（街道）党校，加强党员干部教育培训。严格标准程序发展党员，实施村干部能力素质和学历水平提升行动，加强村组干部任职资格联审，落实村干部岗位补贴长效机制。着力整顿软弱涣散基层党组织，加强青年人才党支部建设，加大后备力量培养力度，全领域推进党支部规范化建设。深化“双整百千、四级联创”“吹哨报到”“红色物业”等项目，整合综合服务平台、远程教育等平台，推进“互联网+党建”，建成覆盖乡村组的网络服务体系，基层党组织组织力不断提升，发展力量不断汇集，基层组织更加坚强，基础更加坚实。

三是围绕中心，聚焦成效巩固不动摇。聚焦脱贫攻坚问题短板和专项巡视反馈问题，建立稳定脱贫的长效机制，坚持“摘帽不摘责任、不摘政策、不摘帮扶”，持续发挥“1+12+16”作战指挥体系作用，以“党支部+”为引领，在全县开展“深入一线、固本强基、巩固成效”“万名党员亮身份”“万名干部下基层”等工作。出台科级干部选拔任用工作动议、民主推荐、考察等六个办法，加大在脱贫攻坚一线培养锻炼、考察识别、选拔任用干部的力度。实施集体经济强村工程，持续推动产业健康发展，形成抓党建巩固脱贫成效、促乡村振兴的工作合力。

资料来源：何健升．抓基层强基础推动乡村组织振兴［N］．昆明日报，2019-10-11（004）．

三、充分发挥基层党组织在乡村组织振兴的重要作用

（一）基层党组织要能干事、干实事

习近平总书记在全国组织工作会议上强调，进入新时代，开启新征程，必须更加注重党的组织体系建设，党的基层组织是党的工作和战斗力的基础，党的基层组织状况直接决定了党的执政能力的强弱。① 要抓好乡村振兴工作，带领农民致富奔康，离不开基层党组织能干事、干实事。巩固基层组织，要把政治理论贯穿于基层组织建设和党员干部培养及思想教育的整个过程，着重培养在意识观念、执行能力、为民服务、开拓创新等方面较强的优秀党组织书记，锻塑能干事、干实事的党员先锋。要引导基层党员不断学习新文化新知识新产业，提高自身素质能力，拓宽视野，发挥作为党员的带头作用，最广泛、最有效地动员一切力量，推动乡村振兴工作落地见效。

① 中国共产党新闻网，http://cpc.people.com.cn/n1/2018/0709/c419242-30135534.html。

（二）提升农村党员带头致富能力

作为推动农村经济社会发展的骨干力量，党员队伍在执行党的方针政策，带领群众脱贫致富等方面做出了突出的贡献。基层党组织应该把提升农村党员带头致富能力作为乡村振兴工作的切入点，积极采取措施培养致富党员典型，发挥党员先锋模范带头作用，为乡村振兴注入强劲动力。加大选拔培养力度，把农村党员致富带头人培养成党员，把党员致富带头人培养成村干部，把优秀村干部培养成村党组织书记。对政治素质高、带富能力强、群众公认的致富带头人，要进行跟踪管理、重点培养，充实进村“两委”班子，提高其主动带动乡邻致富的积极性。在村“两委”班子建设中，注重把有技术能力、发展思路，能干事创业、群众认可的致富能手党员作为村干部的重点培养对象，逐步把党员致富能手培养成村干部，并通过政策扶持、免费培训等方式鼓励他们带领群众共同致富。

（三）规范党内组织生活，加强基层党支部政治引领

突出政治功能要先把基层党组织的龙头挺起来，这是解决基层党组织软弱问题、提升组织力的基础，也是用党建引领乡村振兴的关键所在。为此，严格规范组织生活，针对部分一些基层党建滞后、党组织发展无力、部分党员懒政懈怠的问题，一定要把严肃党内政治生活作为突出政治功能的根本途径，增强政治性和庄重感，强化党员意识和先锋意识。大力推进党的组织生活标准化建设，严格规范组织生活的实施路径和评价标准，加强对支部政治生活的监督管理，建立方便快捷、简单有效的评价机制和监督手段；大力推行阳光党务平台，加强对基层党组织的巡查和问责，解决组织生活走过场的问题。要建立健全党内学习制度，组

织各级党组织采取党课辅导、知识竞赛、专题讲座、座谈讨论等方式，认真贯彻上级部署和要求，原原本本地学习党章，强化思想政治建设，进一步提高党员政治理论水平和思想水平，把好党员发展关、教育关、监督关，切实提升党员素质。

【小资料】

基层党组织　这样强起来

村子落在山坡，进村一条山路，住的是茅草屋、石头房，种的是山岭地，靠天吃饭。这曾经是山东省临沂市沂南县马牧池乡常山庄村村民生产生活的真实写照。战争年代，常山庄是红色堡垒村，威震敌寇，英模辈出。可在“十二五”期间，这里却被列为省定重点贫困村。

如今，村民整体搬到了山脚下，住上窗明几净的大瓦房，还建起红色影视基地，有170多人在基地就业，村民时不时客串群众演员，见了不少世面，日子越过越好。

沂蒙山区这个小山村，何以会发生翻天覆地的变化？“最关键的是加强基层党组织建设，组织强，百业兴，群众富。”一位曾在常山庄干过第一书记的干部表示。从2012年以来，山东先后派来3名省级机关干部做第一书记，一茬接一茬干，帮村里搞规划、建社区，抓项目、育产业，抓党建、强班子。

“实施乡村振兴，组织振兴是根本保障。基层党组织坚强有力，村子发展就给力。”临沂市委常委、组织部部长姜仕礼认为，基层党组织在乡村振兴中既是“一线指挥部”，也是“前线先锋队”。他举例说，19年前，山东省兰陵县代村村集体曾负债380多万元，如今村集体产业总产值26亿元，村民人均纯收入6.5万元。

浴火重生的根源就在于有坚强有力的村党组织。以社区党委书记、村委会主任王传喜为代表的代村“两委”班子“管事”以来，经历过6次换届选举，没有一人因非正常原因落选，村干部经手的钱物达上亿元，没有一人因经济问题栽跟头。正是这样一个能干事、会干事、敢干事、干净做事的基层党组织得到了村民的拥护，也让村民得到了实惠。

资料来源：关注乡村组织振兴：基层党组织　这样强起来［EB/OL］．中国共产党新闻网，http：//dangjian. people. com. cn/n1/2018/0529/c117092-30019668. html.

问题八　如何建设新时代美丽乡村

叠石:“慢生活”驶上快车道

近年来，随着人们生活水平的不断提高，以及乡村旅游业的兴起，越来越多的都市人将旅游的脚步迈向乡村，在依山傍水间感受乡土人情的同时尽享慢生活，而清新、绿色的叠石便成了人们的选择之一。面对这种趋势，如何突出生态文明，“接”住大家的需求？叠石审时度势，充分发挥生态优势，围绕生态休闲产业带动建设的总体思路，融入茶旅、文旅等旅游业态，充分挖掘、开发一批当地旅游资源，真正发挥乡村优美环境、绿水青山、良好生态等稀缺资源优势，将叠石生态旅游白纸描绘成一幅蓝图。

叠石是典型山区乡镇。近年来，随着城镇一体化进程不断加快，越来越多的居民流入福鼎城区或其他乡镇务工或居住。为了保障当地居民的幸福感，改善居住环境，叠石聚焦基础设施建设，注重生态宜居宜业，着力打造美丽乡村，近年来乡村面貌得以大幅提升。

叠石从各村实际出发，坚持“绿水青山就是金山银山”的发展理念，全力打造宜居宜业、清新亮洁的美丽乡村。持续开展“两违”专项治理行动、改水改厕等工作，从河道清理、裸房整治、立面装修、清除搭盖等方面入手，美化亮化村容村貌。2017

年，全乡硬化道路8.6公里，架设192盏路灯，超额完成72户的改厕任务，先后建成茭阳、叠石等6个村的生活污水处理系统，并基本实现乡域垃圾全转运，大大提升环境质量。

叠石还十分注重居民精神文化生活水平的提高，投资修建居民田径场、竹洋库区移民文化公园等休闲场地，并组织开展“五四”闽浙边界篮球赛、库口—竹洋山地自行车爬坡赛、闽浙边界古道徒步、“七月七”民族风情展演等群众喜闻乐见的赛事活动，让群众在宜居的环境中享受政府福利。

随着一个个惠民福利落地，乡间厕所、饮水、乡村环境得到了极大的改善，整体焕发出新的生机，村民们也由此过上了好日子。“自从文化公园在村里落地，大家牌不打了，电视也不看了，一个个都去公园散步、跳舞、锻炼，生活水平比以前提高很多，也更有时间享受生活，别提有多高兴了。”竹洋村村民陈上照提起这些变化喜上眉梢。

资料来源：叠石：“慢生活”驶上快车道［EB/OL］. 福鼎周刊电子版，http：//newfd. fdxww. com/html/2018 –9 –28/19698. html.

对美丽乡村事业而言，党的十九大提出乡村振兴战略是迄今为止最为重大的利好。2018年全国“两会”释放出的包括机构改革在内的一系列重要改革、重要政策、重要理念，不少都是为乡村振兴战略的实施“保驾护航”的。在习近平新时代中国特色社会主义思想的指引下，美丽乡村建设无疑将进入一个新的阶段，主要表现在：内涵将得到新的丰富，力度将得到新的拓展，重要性也将得到新的提升。这是一个新的重大历史机遇期，美丽乡村事业将为农村振兴、国家复兴承担更为重要的责任。

一、理解美丽乡村

乡村，是每一个中国人的精神故乡，是我们的根，是我们心中最美的地方。中国是一个农业大国，近十四亿人口中有一半以上居住在农村。改革开放以来，中国乡村经历着几千年来最为剧烈的变化，全世界规模最大的城市化进程正在这片土地上轰轰烈烈的进行。没有林立的高楼大厦，没有穿梭的车来车往，没有闪烁的不夜霓虹。一方水土养一方人，在中国这片广袤的土地上，不同的地理地貌造就了不同的乡村生活。

美丽乡村是国家建设重点。“中央一号文件”连续多次聚焦“三农”，强调要大力发展休闲农业和乡村旅游，开展农村人居环境整治行动，鼓励各地因地制宜探索各具特色的美丽宜居乡村建设模式。财政部曾表示从 2016 年起，每村每年 150 万元，连续支持两年，计划“十三五”期间全国建成 6000 个左右美丽乡村。

2018 年“中央一号文件”以乡村振兴战略为主题，文件指出：乡村振兴，生态宜居是关键。良好生态环境是农村最大优势和宝贵财富。必须尊重自然、顺应自然、保护自然，推动乡村自然资本加快增值，实现百姓富、生态美的统一。习近平总书记在考察美丽浙江建设新成果时曾指出：美丽中国要靠美丽乡村打基础。建设美丽乡村是我国农村地区落实生态文明建设的重要举措，是加快转变农业发展方式，深化农村改革，实现城乡一体化发展的有效途径，是实现农村经济可持续发展的必然要求。

（一）美丽乡村建设指南

《美丽乡村建设指南》国家标准由质检总局、国家标准委 2015 年 5 月 27 日发布。该标准于 2015 年 6 月 1 日起正式实施。

标准由 12 个章节组成，基本框架分为总则、村庄规划、村庄建设、生态环境、经济发展、公共服务、乡风文明、基层组织、长效管理 9 个部分。

在村庄建设方面，标准规定了道路、桥梁、饮水、供电、通信等生活设施和农业生产设施的建设要求。明确规定村主干道建设应进出畅通，路面硬化率达100%；要科学设置道路交通标志，村口应设村名标识；历史文化名村、传统村落、特色景观旅游景点还应设置指示牌。在生态环境保护方面，标准规定了气、声、土、水等环境质量要求，对农业、工业、生活等污染防治，森林、植被、河道等生态保护，以及村容维护、环境绿化、厕所改造等环境整治进行指导，并设定了村域内工业污染源达标排放率、生活垃圾无害化处理率、生活污水处理农户覆盖率、卫生公厕拥有率等11项量化指标。同时，标准还在经济发展和公共服务方面作出了相关规定。

《美丽乡村建设指南》作为推荐性国家标准，为开展美丽乡村建设提供了框架性、方向性技术指导，使美丽乡村建设有标可依，使乡村资源配置和公共服务有章可循，使美丽乡村建设有据可考。

标准对乡村个性化发展预留了自由发挥空间，不搞“一刀切”，也不要求“齐步走”，鼓励各地根据乡村资源禀赋，因地制宜、创新发展。

（二）美丽乡村建设模式

农业部于2013年启动了“美丽乡村”创建活动，于2014年2月正式对外发布美丽乡村建设十大模式，为全国的美丽乡村建设提供范本和借鉴。

具体而言这十大模式分别为：产业发展型、生态保护型、城郊集约型、社会综治型、文化传承型、渔业开发型、草原牧场型、环境整治型、休闲旅游型、高效农业型。

1. 产业发展型模式。主要在东部沿海等经济相对发达地区，其特点是产业优势和特色明显，农民专业合作社、龙头企业发展基础好，产业化水平高，初步形成“一村一品”“一乡一业”，实现了农业生产聚集、农业规模经营，农业产业链条不断延伸，产业带动效果明显。

典型：江苏省张家港市南丰镇永联村。

2. 生态保护型模式。主要是在生态优美、环境污染少的地区，其特点是自然条件优越，水资源和森林资源丰富，具有传统的田园风光和乡村特色，生态环境优势明显，把生态环境优势变为经济优势的潜力大，适宜发展生态旅游。

典型：浙江省安吉县山川乡高家堂村。

3. 城郊集约型模式。主要是在大中城市郊区，其特点是经济条件较好，公共设施和基础设施较为完善，交通便捷，农业集约化、规模化经营水平高，土地产出率高，农民收入水平相对较高，是大中城市重要的“菜篮子”基地。

典型：上海市松江区泖港镇。

4. 社会综治型模式。主要在人数较多，规模较大，居住较集中的村镇，其特点是区位条件好，经济基础强，带动作用大，基础设施相对完善。

典型：吉林省松原市扶余市弓棚子镇广发村。

5. 文化传承型模式。主要在具有特殊人文景观，包括古村落、古建筑、古民居以及传统文化的地区，其特点是乡村文化资源丰富，具有优秀民俗文化以及非物质文化，文化展示和传承的潜力大。

典型：河南省洛阳市孟津县平乐镇平乐村。

6. 渔业开发型模式。主要在沿海和水网地区的传统渔区，其特点是产业以渔业为主，通过发展渔业促进就业，增加渔民收入，繁荣农村经济，渔业在农业产业中占主导地位。

典型：广东省广州市南沙区横沥镇冯马三村。

7. 草原牧场型模式。主要在我国牧区半牧区县（旗、市），占全国国土面积的40%以上。其特点是草原畜牧业是牧区经济发展的基础产业，是牧民收入的主要来源。

典型：内蒙古锡林郭勒盟西乌珠穆沁旗浩勒图高勒镇脑干宝力格嘎查。

8. 环境整治型模式。主要在农村脏乱差问题突出的地区，其特点是农村环境基础设施建设滞后，环境污染问题突出，当地农民群众对环境整治的呼声高、反应强烈。

典型：广西壮族自治区恭城瑶族自治县莲花镇红岩村。

9. 休闲旅游型模式。主要在适宜发展乡村旅游的地区，其特点是旅游资源丰富，住宿、餐饮、休闲娱乐设施完善齐备，交通便捷，距离城市较近，适合休闲度假，发展乡村旅游潜力大。

典型：江西省婺源县江湾镇。

10. 高效农业型模式。主要在我国的农业主产区，其特点是以发展农业作物生产为主，农田水利等农业基础设施相对完善，农产品商品化率和农业机械化水平高，人均耕地资源丰富，农作物秸秆产量大。

典型：福建省漳州市平和县三坪村。

美丽乡村建设是我国生态文明建设的重要组成部分。美丽乡村建设十大模式为全国各地生态文明建设提供了范本和参考。由于各地美丽乡村建设的理念不一致、资源禀赋和经营方式的不同以及城镇化和经济社会发展水平的差异，因此在美丽乡村建设模式选择过程中，地理地貌、区位条件、自然资源、文化底蕴、农民的积极主动性以及机遇等因素扮演着重要的角色。这十个美丽乡村建设的成功，除了显著的区位优势、丰富的自然资源、城镇化快速发展所带来的市场机遇，更重要的还是以当地政府为主导的推动引导作用和财政支持力度，以及在当地较高经济发展水平带动下农民对保护生态环境意识的提高，或者说是农民在解决温饱问题后对生产生活质量要求的提高。这些要素在不同条件地区是很难完全复制的，这也就决定了未来我国在生态文明建设道路上的多样性、复杂性和创新性。

【小资料】

让乡村成为生态宜居的美丽家园

从过去“垃圾靠风刮，污水靠蒸发，家里现代化，屋外脏乱差”，到如今“污水有了‘家’，垃圾有人拉”“雅居美庐，满目叠翠”，浙江在时任省委书记习近平同志的倡导和主持下，从2003年开始用15年时间扎实推进“千村示范、万村整治”工程，以建设1000个示范村为基础，推广到全省2.7万个村，实现了农村生产生活条件、生态环境、公共服务的极大改善，农村整体面貌发生深刻变化。这一前不久赢得联合国环境规划署“地球卫士奖”美誉的工程，是习近平生态文明思想的生动实践，展示了新时代我国生态文明建设的成就，为建设美丽中国、实施乡村振兴战略带来了实践经验，为全球环境治理提供了中国方案。

改善农村人居环境，建设美丽宜居乡村，是实施乡村振兴战略的一项重要任务。目前全国还有近1/4的村生活垃圾没有得到收集和处理，80%的村庄生活污水没有得到处理，约1/3的行政村村内道路没有实现硬化，农村人居环境整治是实现乡村振兴第一场硬仗。2018年4月，习近平总书记作出重要指示强调，要结合实施农村人居环境整治三年行动计划和乡村振兴战略，进一步推广浙江好的经验做法，建设好生态宜居的美丽乡村。以浙江“千村示范、万村整治”工程为标杆，加快推进农村人居环境整治，我们就能让新时代美丽乡村更加生态宜居。

这一工程兼顾环境保护和经济发展，是绿色发展理念在农村的成功实践。联合国环境规划署在颁奖词中对浙江“千村示范、万村整治”工程这样评价：这一极度成功的生态恢复项目表明，让环境保护与经济发展同行，将产生变革性力量。历经15年村庄整治与发展经济紧密结合、扎实推进，浙江不仅让“头枕欸乃听桨声，眼观杂花盈原野”的意境重回水乡，更走出一条以城带乡、以工促农、城乡一体化发展的新路子。推进农村人居环境整治，就要坚持贯彻“绿水青山就是金山银山”理念，推动农村人居条件和生态环境同步建设，努力实现美丽生态、美丽经济、美丽生活的“三美融合”，绘就农村发展新画卷。

这一工程兼顾环境整治和农民增收，是以人民为中心发展思想的成功实践。乡村环境好不好、美不美，事关民生福祉。推进农村人居环境整治，既要坚持问题导向，逐步解决群众关心的人居环境痛点难点；也要坚持群众视角，充分尊重群众意愿，发动群众热情参与。只有解决好垃圾处理、污水治理、卫生改厕、村庄绿化、村道硬化等突出问题，才能让广大人民群众在乡村振兴中有更多获得感、幸福感。

这一工程兼顾近期目标和长远愿景，是“一张蓝图绘到底，一任接着一任干”的成功实践。建设生态宜居的美丽乡村，最忌急功近利、搞“政绩工程”“形象工程”，最需久久为功、驰而不息。推进农村人居环境整治，关键就要一件事情接着一件事情办、一年接着一年干，在系统治理、长效治理中实现农村人居环境水平质的飞跃。

有多姿多彩的美丽乡村，才有气象万千的美丽中国。扎实实施农村人居环境整治三年行动计划，因地制宜、精准施策，改善环境、补齐短板，我们就一定能推动乡村生态振兴，为建设生态文明、建设美丽中国作出新贡献。

资料来源：王珂园，程宏毅．建设新时代美丽乡村［N］．人民日报，2018－12－29.

二、美丽乡村建设中的振兴路径

在中央实施乡村振兴战略的大背景下，美丽乡村建设作为当前我国各地推进生态文明建设和深化社会主义新农村建设的一项重要载体，显现出新一轮的发展活力。那么，美丽乡村建设中的振兴路径有哪些？美丽乡村规划如何助力乡村振兴？

乡村振兴集产业发展、社会繁荣、环境宜居、文化复兴、人气集聚、组织建设完善等内容于一体，是全方位、全领域、全系统的振兴。美丽乡村建设作为助力乡村振兴战略的一个实践领域，有着自己的振兴路径，通过研究对比国内成功的美丽乡村实践案例，总结有以下四条具体路径：

（一）以农业为基础，发展新产业、新业态，促进农村一二三产业融合发展

党的十九大报告指出，构建现代农业产业体系、生产体系、经营体系，促进农村一二三产业融合发展。要以绿色发展理念为引领，转变农业发展方式，实现农业提质增效，大力推进农业现代化。产业是乡村发展的根本，要找准产业，重点要基于更高效、更生态、更智慧的农业；其次应注重高附加值的农产品的生产和加工，延伸农业产业链；同时，针对有工矿、商贸、旅游基础的乡村，要充分发挥其资源优势，推进农业与新工业、互联网、旅游、养老等深度融合，建设现代农业公园等新业态，但应注意不要村村搞旅游、村村搞工业。

案例分享：井冈山神山村——一二三产业融合，合作经营。

神山村按照“支部引领、干部带头、村民入股、贫困户全覆盖”的思路，成立了黄桃合作社，发展黄桃产业120多亩，打造

黄桃品牌，并举办“神山黄桃节”，开展乡村旅游，有效促进了一二三产业融合发展。

（二）注重乡村乡土性，保留原始风貌，复兴乡土文化

建设美丽乡村不同于建设美丽城市，要坚持村要像村。在乡村建造中，需要在保护传统村落文化、保存原始风貌和生态肌理、保留乡村社会价值体系和集体情感记忆的基础上，深入发掘乡村背后的故事和文化基因，并运用现代手段，打造乡土的、健康的、休闲的、历史的乡村，使乡村成为守望乡愁的重要场所。

案例分享：桐庐荻浦村——古为今用，土为洋用。

作为千年古村，荻浦村在发展中保留了40幢古民居和古迹，传承了古造纸文化、古戏曲文化、孝义文化等传统文化。2010年起，村内出资将“始建于宋，重构于元”的古戏台保庆堂改造为村文化礼堂，用“活态”保护的方式对文保单位进行保护与利用。除此之外，对于其他历史建筑，采用编号的方式进行有序保护；对于闲置村舍，引用“土为洋用”的改造和经营理念，将现代生活方式与传统农耕文明嫁接，雅俗共赏，洋溢着时尚的乡土气息。

（三）创新乡村治理体系，激活乡村力量，培养新乡贤

党的十九大报告指出，要加强农村基层基础工作，培养造就一支懂农业、爱农村、爱农民的“三农”工作队伍。顺应美丽乡村建设的新定位、新要求和新机遇，加大农村基层干部培养力度，充分发挥基层党建的引领作用和村集体、农民的主体作用，积极搭建新乡贤与乡村社会结构有机融合的平台，构建兼具乡土性与现代性的现代乡村治理模式。乡村振兴不是简单地给予式的帮助，要把乡村人的利益考虑好，多培养乡村能人，多给予政策支持，

调动他们的积极性和热情；要把“老乡”的思维方式摸透弄清楚，遵循他们的思路去引导，自下而上，上下联动，从而激活乡村自身的造血能力。

案例分享：陕西袁家村——书记带头，全民创业。

袁家村在两代村书记的带领下，经历了“从农到工，又从工到游”的转型，实现了从“烂杆村”到“标杆村”的蜕变。在新书记郭占武引领下，实施旅游兴村战略，十年磨一剑，走出了一条独有的“吃→住→产”的乡村振兴之路。同时，在村党支部、村委会领导下，组织搭建了农民创业平台、成立了农民学校、建立了农副产品合作社，为每一个村民提供了平等参与乡村经营的机会，充分激活村民积极性。村委还制定了乡规民约，要求每家商户诚信经营，保持淳朴的乡风民情，进一步保障了乡村的可持续发展。

（四）吸引社会力量参与乡村建设，树立乡村经营理念

建设美丽乡村，既要发挥政府的主导作用、依靠农民自己勤奋劳动，更需要全社会的关心和支持。各种社会力量的参与和支持，是美丽乡村建设的重要力量和重要资源。鼓励和引导社会资金和技术力量参与新农村建设，注重做好“三个相结合”：一是与农村综合改革和扶贫相结合；二是与提升新农村建设水平和加强农业农村环境整治相结合；三是与乡村经营管理相结合。吸引和集聚土地、资本、科技、人才、信息等现代要素，全面激活市场、激活要素、激活主体，形成农业农村经济发展新动力。

案例分享：杭州富阳文村——大师主持，整体改造。

富阳文村拥有明代、清代和民国时期的江南民居40多幢，但随着城市建设风气进入文村，这些具有代表性的古建筑面临着被拆的危险。在浙江省建设厅的支持下，2012年建筑大师王澍带领

自己的团队着手整合这里的资源，历时3年完成了对文村的保护性改建。改建后的民居为文村带来新的面貌，使文村成为美丽村庄建设热点，不仅吸引了大量游客来到文村，还吸引了北京农业互联网公司和众安民宿产业发展公司等企业进驻，发展生态农业和民宿产业，带动文村一二三产的联动发展，为文村的农业生产注入新的活力。

三、美丽乡村进入新时代

（一）乡村振兴战略与美丽乡村建设

在党的十八大报告里，“美丽中国”只提到一次，而在党的十九大报告里，以“加快生态文明体制改革，建设美丽中国”为题独立成章。这体现了中央对“美丽中国”的重视，也反映了对“美丽中国”内涵认识的不断丰富。党的十九大报告指出，我们要建设的现代化是人与自然和谐共生的现代化，既要创造更多物质财富和精神财富以满足人民日益增长的美好生活需要，也要提供更多优质生态产品以满足人民日益增长的优美生态环境需要。从空间区域上来讲，美丽中国有且只有两部分组成：美丽城市和美丽乡村。没有乡村的美丽，就不会有中国的美丽。在党的十九大报告里，“美丽中国”出现了三次，除了这一章之外，还有两处：一处是在基本方略之一的“坚持人与自然和谐共生”里，指出要“像对待生命一样对待生态环境”，“坚定走生产发展、生活富裕、生态良好的文明发展道路，建设美丽中国”；另一处是在从2020年到21世纪中叶分两阶段所作的战略安排中，指出第一阶段就要做到“美丽中国目标基本实现”。可见，中央对“美丽中国”作出了系统安排。2017年12月，习近平总书记在中央农村工作会议上的讲话中指出：“农业强不强、农村美不美、农民富不富，决定着亿万农民的获得感和幸福感，决定着我国全面小康社会的成色和社会主义现代化的质量。”

乡村振兴战略就是要推动中国乡村走上中国特色社会主义乡村振兴道路，那么这是一条怎样的发展道路呢？它是城乡融合发展之路、共同富裕之路、质量兴农之路、乡村绿色发展之路、乡村文化兴盛之路、乡村善治之路和中国特色减贫之路，这是一条通往美丽乡村梦想的道路。

1. 乡村振兴战略与美丽乡村建设一脉相承，共同构成新时代“三农”发展的基本架构。“美丽乡村”发端于习近平同志2003年在浙江实施的“千村示范万村整治”行动，于2013年由农业部率先推向全国；乡村振兴战略则是以习近平总书记为核心的新一届中央领导集体着眼于乡村发展的瓶颈问题、着眼于农民群众的殷切期盼、着眼于美丽中国的宏伟蓝图而作出的战略部署。因此，二者同根、同源。随着乡村振兴战略的提出，新时代的“三农”发展架构基本形成。

2. 乡村振兴战略是一定时期的战略性安排，美丽乡村建设则几乎是永恒的话题。乡村振兴战略是中国特色社会主义进入新时代做好“三农”工作的总抓手，主要从当前影响到乡村发展的体制、机制、政策入手，确立目标、提出要求、设定步骤，该改革的改革、该完善的完善、该废除的废除，其内涵与内容将会相对明确。美丽乡村的建设内容则随着建设所处的不同阶段、面对的不同问题、发展的不同需要而会有所不同。“美丽”没有尽头。

3. 乡村振兴战略是战略层面的部署，美丽乡村建设则是措施层面的抓手。两者在不同层面上形成很好的互补、搭配关系。围绕乡村振兴战略，下一步将会出台一系列具体政策、实际举措，这些政策与举措将进一步丰富美丽乡村的建设内容，推动、打造美丽乡村的升级版、未来版。二者的共同目标都是让农业成为有奔头的产业，让从事农业生产成为有吸引力的职业，让农村成为安居乐业的美丽家园。

4. 乡村振兴战略是自上而下的行政动员，美丽乡村建设则是自下而上与自上而下相结合的创造性探索。乡村振兴战略体现出的是政府的意志，主要运用的是行政的手段，通过制度性改革、政策性调剂、行政性干预，以解决那些市场不能解决、基层难以解决、群众盼望解决的深层次瓶颈问题，调动各方面积极性形成促进乡村发展的良好环境、支持体系。美丽乡村的创建发轫于基层的创新创造，而后逐级得到认可，最后形成社会共识、中央号召、全国政策，使乡村振兴战略在基层得到贯彻实施，从而推动乡村社会的进步。

5. 美丽乡村建设服从于乡村振兴战略的总体安排，乡村振兴战略落地的关键抓手是美丽乡村建设。乡村振兴战略是中央针对农业农村发展到新阶段推出的重大部署，是 21 世纪中叶之前的一项重大任务，因此将会成为我们党优先发展农业农村、推动一二三产业融合、尽快实现城乡一体化的一个重要安排。今后的美丽乡村建设，必须服从于这个安排，以新的 20 字要求为方针，主动换挡提质升级。可以肯定的是，美丽乡村建设就是乡村振兴战略落地的重要内容、主要载体和关键抓手。

（二）实现美丽乡村梦想

中国人千百年来“美丽乡村”的梦想什么时候能够实现？从党的十九大报告传递出的信息可以判断，这个时间节点应该在 2035 年前后。也就是说，到那个时候，我们要让乡村成为人们向往的地方。作出这一判断的依据是，中央明确提出了 2035 年美丽中国基本实现。以此为目标，如何推进今后的美丽乡村事业就摆在了眼前。

1. 着眼于新时代，创新推进。党的十九大宣告，中国特色社会主义进入了新时代，并称之为“我国发展新的历史方位”。针对新时代，习近平总书记用“三个意味着”和“五个是”做了阐述和注解。与之相应，“三农”的发展也进入了新时代。那么什么是“三农”的新时代呢？可以简单描述一下：是努力建设、即将实现农业现代化的时代，是合力推进、即将实现美丽乡村梦想的时代，是着力部署、加快培育新型职业农民的时代，是锐意进取、全面构建现代乡村治理结构的时代，是良好传承、乡村文化全面繁荣的时代，是生活富裕、全面建成小康社会的时代。

在新时代，美丽乡村建设工作需要创新推进。如何创新推进？可从美丽乡村三要素“资金、土地、农民”做一分析。

（1）资金。美丽乡村建设的资金主要从三方面挖掘潜力。首先是加大政府财政资金投入力度。今后需要出台更多、更优惠、更全面的政策，不断加大对“三农”的财政支持力度。“优先发展农业农村”怎么体现？这是最主要的体现。其次是激发社会资金支持力度。现在社会上的资金很多，包括银行的资金。这些资金如何参与美丽乡村建设，目前还缺乏系统的激励体系和环境。2015 年五六月先后出台的两个文件，直接激发了社会资本以 PPP 模式参与美丽乡村建设的积极性。这两个文件是国务院办公厅转发的财政部、发展改革委、人民银行《关于在公共服务领域推广政府和社会资本合作模式指导意见的通知》，以及财政部《关于进一步做好政府和社会资本合作项目示范工作的通知》。在国务院新一轮机构改革中，不但成立了农业农村部，而且对涉农财政项目进行了“归大堆”，总体加大了对“三农”的支持力度。最后是调动农民资金参与力度。只要把人的积极性调动起来了，农民群众就会自发地投入美丽乡村建设。这方面各地都有不少很好的实践。

（2）土地。我们之前通常说，农村有“三块地”：农用地、宅基地和集体经营性建设用地。这种说法不全面，比较准确的说法，要么是“两块地”，即农用地和集体建设用地，后者包括宅基地、集体经营性建设用地和公益性公共设施建设用地；要么说“四块地”，即农用地、宅基地、集体经营性建设用地和公益性公共设施建设用地。因为公益性公共设施建设用地相对比较稳定，没啥争议，也没有多少文章可做，所以才称“三块地”。现在“三块地”一般指的是：征收土地、宅基地、集体经营性建设用地。“三块地”三篇大文章，无论怎么做，都要遵循三个先决条件，也叫“三个底线”，不能突破：土地公有制性质不能改变、耕地红线不能突破、农民利益不能受损。近年来，中央在“三块地”上持续进行探索性改革，不断释放重大利好。2014 年 12 月，中央深改组审议通过了《关于农村土地征收、集体经营性建设用地入市、宅基地制度改革试点工作的意见》，对“三块地”改革提出了明确目标和要求，随后在 33 个县开展了为期 3 年的试点。2017 年底，试点被延长 1 年。从主管部门透露的信息看，试点工作已经取得重要阶段性成效：农村集体经营性建设用地入市改革效果初显，已形成相对成熟的规则体系；宅基地制度改革在保障农民取得宅基地、自愿有偿退出宅基地和完善宅基地制度等方面做了积极探索；农村土地征收制度改革中一些重点、难点、热点问题开始破题。

（3）农民。农民是美丽乡村建设最关键的因素，主要体现在两个方面。第一，如何调动农民群众参与美丽乡村建设的积极性，如何把劳动力培育成爱家乡、会技术、懂市场、善经营的新型职业农民。新型职业农民以农业为职业，具有相应的专业技能，收入主要来自农业生产经营。之所以要大力培育新型职业农民，是因为从事农业生产经营的劳动者素质高低，直接影响着传统农业向现代农业转型的进程。新型职业农民是振兴乡村、发展现代农业的重要主体。新型职业农民与国家提出的新型农业经营主体应该有很大的重合，那就是种粮大户、家庭农场、养殖大户、专业合作社等，用集约化、专业化、组织化、社会化相结合的新型农业经营体系来满足未来我国发展的需要。2017 年 1 月 9 日，农业部出台“十三五”全国新型职业农民培育发展规划提出发展目标[①]：到 2020 年全国新型职业农民总量超过 2000 万人。全国新型职业农民培育发展规划提出，以提高农民、扶持农民、富裕农民为方向，以吸引年轻人务农、培养职业农民为重点，通过培训提高一批、吸引发展一批、培育储备一批，加快构建一支有文化、懂技术、善经营、会管理的新型职业农民队伍。第二，“新农民”如何导入、如何发挥独特作用。美丽乡村建设中的“新农民”主要有两类：一类是在外面干得比较好，有经验、有技术、有资金、有资源，已经不是农民的村民，如何让他们回到家乡支持家乡的建设。这方面，贵州省有个“春晖行动”，做得很好，发挥了很大作用，值得其他地方借鉴。另一类就是有乡村情结、愿意到乡村生活、创业的市民。如何做好他们的引导和服务，让这两类“新农民”融入乡村，成为新乡贤，需要引起重视，需要有一个大的系统性的良好环境。

2. 着眼于“三阶段”，协调推进。党的十九大报告明确指出：“从现在到 2020 年，是全面建成小康社会决胜期。”在这一阶段，紧扣我国社会主要矛盾变化，通过实施七大战略，最终全面建成小康社会。同时，党的十九大报告对 2020 年到 21 世纪中叶的全面建设社会主义现代化国家新征程做了两个阶段的战略安排。第一个阶段，从 2020 年到 2035 年，在全面建成小康社会的基础上，再奋斗 15 年，基本实现社会主义现代化。第二个阶段，从 2035 年到 21 世纪中叶，在基本实现现代化的基础上，再奋斗 15 年，把我国

① 中国农业部网站，http：//www. moa. gov. cn/nybgb/2017/derq/201712/t20171227_6131209. htm。

建成富强民主文明和谐美丽的社会主义现代化强国。

从国家战略布局的阶段性安排出发，美丽乡村建设也可以分阶段来部署和安排。大体可做“三步走”的战略分析，据此可把美丽乡村建设分为三个阶段。

（1）从 2013 年到 2020 年为试点探索阶段。截至目前，全国各地各种类型的乡村都进行了试点性创建，树立了一批典范，也探索了一些经验，尤其是在理念、理论、观点、思想上有了重要突破，形成了重要共识，这些都为今后在全国的全面推开提供了坚实基础。现阶段是美丽乡村建设试点的关键期和攻坚期，主要做好与国家乡村振兴战略的对接，在巩固成果、深化改革、扩大试点三个方面下功夫，主动做好美丽乡村在全国村庄全面推开的准备和衔接工作。

（2）从 2020 年到 2035 年为基本建成阶段。这个阶段是国家基本实现社会主义现代化的阶段，这里说的“基本实现”主要指的是农村地区，因此，这个阶段也是乡村振兴战略取得决定性进展阶段。无论是根据布莱克标准、英格尔斯标准，还是世界银行的人均收入划分标准、联合国开发计划署的人类发展指数，我们国家的很多城市已经步入了现代化的行列。那么剩下的就是广大的农村地区，2035 年之前，国家主要就是解决占国土面积超过 90% 的乡村地区的基本现代化问题。农村地区基本现代化的重要标志，就是美丽乡村的基本建成。所以说，没有美丽乡村，就没有农村的现代化，也就没有国家的现代化。

（3）从 2035 年到 2050 年为全面提升阶段。随着富强民主文明和谐美丽的社会主义现代化强国梦想的逐步实现，中华民族重新走在了世界民族之林的前列，迎来伟大复兴。民族的复兴必然伴随着乡村的复兴。可以想象的是，到 21 世纪中叶的时候，经过 30 多年的美丽乡村建设和乡村振兴战略的实施，我们的乡村无论在颜值上，还是在生活幸福指数上，都将全面超越城市，从而成为人们最为向往的地方，彻底改变长达一个世纪的“人往城市跑”的趋势。那个时候，乡村的美丽将是“全面的美丽”。“全面的美丽”指的是各个区域、各个方面、各色人等的“美丽”。

3. 着眼于“全面性”，整体推进。党的十九大报告与以往的报告相比，很大的一个不同就是突出强调“全面小康”“全体人民”“公平正义”。其中，“公平正义”提到5次，“全体人民共同富裕”提到6次，“共享”提到了7次，而“全面建成小康社会”则提到了14次之多。所有这些，共同构成了强国战略的“全面性”特征。基于这一点，今后的美丽乡村建设必须更加强调普惠制、强调所有村庄的共建共享、强调所有农村居民的获得感，而不是再去“造盆景”、做样子了。

（1）通过扩大乡村试点，逐步过渡到全部推进。逐步推进美丽乡村试点建设，集中探索普通村庄创建美丽乡村的经验和模式，而不是像部分地区在第一阶段时把精力、物力、财力用在了“立花瓶”“造盆景”上。在已经是美丽乡村的村里搞美丽乡村建设试点是没有意义的，只会加重“乡建马太效应”，只会增加社会的不公，只会影响群众参与美丽乡村建设的积极性。在此基础上，扩大试点乡村的范围，让更多的乡村参与进来，为2020年在全国村庄的全面推开做好准备。

（2）通过扩大创建内容，逐步过渡到全面推进。由于各地条件的不同、各地财力的不同，尤其是对“美丽乡村”这四个字认识的不同，就全国而言，美丽乡村建设的内容五花八门。尽管在2015年6月1日就实施了国家标准《美丽乡村建设指南》，但相关规定在各地的贯彻实施需要一个过程。在今后的美丽乡村建设过程中，需要各地按照乡村振兴战略提出的“产业兴旺、生态宜居、乡风文明、治理有效、生活富裕”新的20字总要求，对照国家标准规定的“村庄规划、村庄建设、生态环境、经济发展、公共服务、乡风文明、基层组织、长效管理”8个部分，对当地的建设内容进行重新梳理，该补充的补充，该完善的完善，该提升的提升，逐步实现涵盖乡村各个方面的“全面创建”。

（3）通过扩大村民共享，逐步过渡到全体推进。当前，美丽乡村建设中的不平衡性还体现在试点村的内部。譬如，一些地方由政府出钱对村民民居进行了改造，部分试点村只改造村头或主要街道两旁的；修路、绿化也是只管大路、不管小巷。这就直接造成了同一个村里的居民的获得感不一样。美丽乡村建设不应该造成新的不公。在今后的建设中，应考虑全体村民的共建共享，尽量做到不让一户、一个人遗漏。美丽乡村一定是属于全体村民的美丽乡村，而不是只属于少数人的美丽乡村。

总之，无论是实现第一个百年奋斗目标还是实现第二个百年奋斗目标，最艰巨最繁重的任务在农村，最广泛最深厚的基础在农村，最大的潜力和后劲也在农村。我们相信，更大的决心、更明确的目标、更有力的举措必将推动农业更全面升级、推动农村更全面进步、推动农民更全面发展，乡村振兴战略和美丽乡村建设将共同支撑起中国乡村的未来。

【小资料】

美丽乡村建设要明确的几个目标

乡村振兴和美丽乡村建设是党中央在全面建成小康社会的关键时期提出的重大战略部署。

一是定位清晰，规划先行。乡村振兴和美丽乡村建设必须坚持规划先行，县镇村三级包括群众都要瞄准发展定位，严格遵守发展规划，巧妙利用现有资源，以美丽乡村游带动人居环境整治和第三产业发展，甚至是一二三产业融合发展。县镇村班子要一届党委政府接着一届党委政府地干，要突出绿色发展、绿水青山就是金山银山的定位，走出了一条适合山区县发展的绿色崛起之路。其实，论资源禀赋，不管是韶关还是曲江，我们都十分优越；论客源，我们临近珠三角、面向粤港澳大湾区。乡村振兴和美丽乡村建设的关键是要明晰发展定位，高水平高标准制定乡村振兴和美丽乡村建设的规划，然后沿着发展定位，一届接着一届的党委政府去把这个规划落到实处。

二是下定决心，真抓实干。无论是浙江省桐庐县的县城规划重大调整还是浙江省安吉县余村痛下决心关闭厂矿企业，这都需要党委政府以极大的魄力和极具战略眼光的决策为绿色生态可持续发展指明方向。坚持党委领导，政府落实，支部带头，党员示范，充分发挥好政府有限资金撬动社会资金广泛投入乡村振兴和美丽乡村建设，让规划从纸上一点一滴落在地上才能实现真正的发展。面对新形势下乡村振兴和美丽乡村建设的新机遇，我们不能犹豫、不能观望，必须下定决心，真抓实干，以点带面，一户接着一户的改造，一条村接着一条村的美化。罗马不是一天建成的，我们的美丽乡村建设起步晚，但是规划和标准可以更优化，参照参考的样本更多，具备后发优势，只要真抓实干，就一定能够全面实现乡村振兴的伟大战略部署。

三是转变思想，主动作为。乡村振兴和美丽乡村建设，县镇党委政府和村“两委”要发挥主导作用，村民要发挥主体作用。县镇村的主导作用主要体现在宣传动员、政策引导、规划修订、产业扶持、基础设施投向等方面，所有这些的前提是要广泛宣传动员，好比战前动员一样，我们也要向贫穷落后、向脏乱差的农村环境宣战，要向全体村民渗透乡村振兴和美丽乡村建设到底能给他们带来什么？要彻底转变村民小富即安小富即满的心理，要引导他们从“两不愁三保障”甚至从基本实现小康标准中走出来，引导他们追求更高层次的需求，比如文化、休闲、旅游等。只有村民的思想转变了，才能从根本上解决问题，才能彻底全面全域推进乡村振兴和美丽乡村建设。乡村振兴战略是党中央着眼新时代，在全面建成小康社会的关键时期提出的重大战略，发展思想和思维的转变必须从党委、政府做起，必须从党支部、党员做起，乡村振兴和美丽乡村建设的行动也必须从党员带头做起、模范带动。

四是招商引资，加快发展。乡村振兴和美丽乡村建设必须有一定的财力保障，就当前地区财力来讲，想挤出大量的资金来投入估计十分困难。无农不稳、无工不强、无商不富。我们的农业已基本稳定，但工业不强、商业不优的现状短时间仍然难以改变。要发展必须要广开财源，想广开财源必须加强招商引资工作，无论第二产业还是第一、第三产业都必须加强招商引资，尤其是第二产业。曲江拥有省级工业园区，有较为齐全的工业门类和产业体系，有便捷的区位优势，有优质的水、电、矿产、森林资源，有大型的中省属企业，我们必须围绕这些资源和中省企业的上下游企业招商引资，促进产业全链条式发展，这才是广开财源的长久之计。同时，还要加强土地、资产、资源的运作和经营，全面盘活机关企事业单位和国有企业的闲置、低效使用的资源资产，引入市场主体，让政府掌控的资产资源能够保值升值，最大限度地发挥效益。

资料来源：陈夏广．关于乡村振兴和美丽乡村建设的几点思考［EB/OL］．http：//www. gddx. gov. cn/gdswdx/132124/132439/328982/index. html.

参考文献

[1] 邓双力，史津. 美丽乡村视角下村庄整治初探——以天津市宝坻区口东镇安乐庄村为例 [J]. 天津城建大学学报，2015 (3)：157 –162.

[2] 卢卉，蔡青. 厦门同安区竹坝管区美丽乡村整治规划 [J]. 共享与品质——2018 中国城市规划年会论文集 (18 乡村规划)，2018.

[3] 王磊. 乡村文化振兴是乡村振兴铸魂工程 [N]. 大众日报，2018 –07 –05.

[4] 王磊. 乡村文化振兴的国学思考 [N]. 光明日报，2018 –07 –07.

[5] 范建华. 大力推动乡村文化振兴 (有的放矢) [N]. 人民日报，2019 –06 –03.

[6] 舒欣婷，陈燕，周秋平. 围绕“乡村振兴”大战略——探索“泛农业”产业生态的乡村景观规划发展新模式 [J]. 工业，2018 (10)：92 –93.

[7] 崔猛. 习近平“乡村振兴”战略的元素与内涵 [J]. 社会科学，2018 (7)：2.

[8] 唐天洋. 浅议贵州如何实施“乡村振兴”——以思南建设富美乡村为例 [J]. 自然科学，2018 (3)：376 –377.

[9] 陈忞. 浅谈“乡村振兴”视角下的“乡村旅游热” [J].

市场周刊·理论版，2018（23）：285-285.

［10］廖彩荣，陈美球．乡村振兴战略的理论逻辑、科学内涵与实现路径［J］．农林经济管理学报，2017（6）：795-802.

［11］刘彦随．中国新时代城乡融合与乡村振兴［J］．地理学报，2018（4）：637-650.

［12］叶兴庆．新时代中国乡村振兴战略论纲［J］．改革，2018（1）：65-73.

［13］王亚华，苏毅清．乡村振兴——中国农村发展新战略［J］．中央社会主义学院学报，2017（6）：49-55.

［14］刘合光．乡村振兴战略的关键点、发展路径与风险规避［J］．新疆师范大学学报：哲学社会科学版，2018（3）：25-33.

［15］张军．乡村价值定位与乡村振兴［J］．中国农村经济，2018（1）：2-10.

［16］陈锡文．实施乡村振兴战略，推进农业农村现代化［J］．中国农业大学学报：社会科学版，2018（1）：5-12.

［17］罗必良．明确发展思路，实施乡村振兴战略［J］．南方经济，2017（10）：8-11.

［18］刘合光．乡村振兴的战略关键点及其路径［J］．中国国情国力，2017（12）：35-37.

［19］唐任伍．新时代乡村振兴战略的实施路径及策略［J］．人民论坛·学术前沿，2018（3）：26-33.

［20］张晓山．实施乡村振兴战略的几个抓手［J］．人民论坛，2017（33）：72-74.

［21］黄祖辉．准确把握中国乡村振兴战略［J］．中国农村经济，2018（4）：2-12.

［22］朱泽．大力实施乡村振兴战略［J］．中国党政干部论坛，2017（12）：32-36.

[23] 索晓霞．乡村振兴战略下的乡土文化价值再认识 [J]．贵州社会科学，2018 (1)：4－10.

[24] 王景新，支晓娟．中国乡村振兴及其地域空间重构——特色小镇与美丽乡村同建振兴乡村的案例、经验及未来 [J]．南京农业大学学报：社会科学版，2018 (2)：17－26.

[25] 郭晓鸣．乡村振兴战略的若干维度观察 [J]．改革，2018 (3)：54－61.

[26] 蒋和平．实施乡村振兴战略及可借鉴发展模式 [J]．农业经济与管理，2017 (6)：17－24.

[27] 秦中春．实施乡村振兴战略的意义与重点 [J]．新经济导刊，2017 (12)：80－85.

[28] 张志增．实施乡村振兴战略与改革发展农村职业教育 [J]．中国职业技术教育，2017 (34)：121－126.

[29] 陈龙．新时代中国特色乡村振兴战略探究 [J]．西北农林科技大学学报：社会科学版，2018 (3)：55－62.

[30] 于法稳．新时代乡村建设如何“强起来”——权威专家阐析乡村振兴战略——实施乡村振兴战略的几点思考 [J]．国家治理，2018 (3)：2－6.

[31] 朱启臻．当前乡村振兴的障碍因素及对策分析 [J]．人民论坛·学术前沿，2018 (3)：19－25.

[32] 温铁军．生态文明与比较视野下的乡村振兴战略 [J]．上海大学学报：社会科学版，2018 (1)：1－10.

[33] 徐虹，王彩彩．乡村振兴战略下对精准扶贫的再思考 [J]．农村经济，2018 (3)：11－17.

[34] 韩俊．关于实施乡村振兴战略的八个关键性问题 [J]．中国党政干部论坛，2018 (4)：19－26.

[35] 孔祥智．产业兴旺是乡村振兴的基础 [J]．农村金融研

究，2018（2）：9－13.

［36］杨吉华．乡村振兴战略背景下的文化自信与提升路径［J］．中共石家庄市委党校学报，2018（1）：24－27.

［37］魏玉栋．乡村振兴战略与美丽乡村建设［J］．中共党史研究，2018（3）：14－18.

［38］周宏春．乡村振兴背景下的农业农村绿色发展［J］．环境保护，2018（7）：16－20.

［39］孙学立．农村人力资源供给视角下乡村振兴问题研究［J］．理论月刊，2018（5）：128－132.

［40］刘晓雪．新时代乡村振兴战略的新要求——2018年中央一号文件解读［J］．毛泽东邓小平理论研究，2018（3）：13－20.

［41］马玉荣．如何实施乡村振兴战略——专访国务院发展研究中心农村经济研究部部长、研究员叶兴庆［J］．中国经济报告，2017（11）：15－19.

［42］赵秀玲．乡村振兴下的人才发展战略构想［J］．江汉论坛，2018（4）：10－14.

［43］赵淑清．再造乡村文化　助力乡村振兴［J］．人民论坛，2018（5）：138－139.

［44］王眷光．关于乡村振兴中农民主体性问题的思考［J］．社会发展研究，2018（1）：31－40.